Ouvrez un magasin !

Éditions d'Organisation
Groupe Eyrolles
61, bd Saint-Germain
75240 Paris Cedex 05

www.editions-organisation.com
www.editions-eyrolles.com

Éditions APCE
14, rue Delambre
75682 Paris Cedex 14

www.apce.com

ISBN : 978-2-212-54699-6

Agence Pour la Création d'Entreprises

Jean Marc Bruguière

Ouvrez un magasin !

Deuxième édition

EYROLLES
Éditions d'Organisation

EDITIONS APCE

CHEZ LE MÊME ÉDITEUR

Collection guide métier, la création d'entreprises décryptée de A à Z par secteur d'activité :

- *Créer une entreprise de services à la personne*
- *Devenez consultant !*
- *Ouvrez un gîte rural !*
- *Ouvrez un magasin !*
- *Ouvrez un restaurant !*
- *Vendez sur les marchés !*

Collection guide méthode, un éclairage sur un point précis du sujet de création (statuts, formalités...) :

- *Financer votre création d'entreprise*
- *Le guide de la micro-entreprise*
- *Quel statut pour mon entreprise ?*
- *Réaliser votre étude de marché*
- *Trouver une idée de création d'entreprise*

L'**APCE** agit depuis plus de vingt ans en faveur des créateurs en mettant à leur disposition informations et outils pour les aider efficacement dans la réalisation de leurs projets.

Nous tenons à remercier Dominique Akcelrod (Pensées d'Intérieur), Catherine Touzeau (Histoire d'Aiguilles), Caroline Cantegrit (Salon Cantegrit), Céline Groux et Frédéric Blum (Direct Fruits), Philippe Tabard (Bijouterie Tabard), Jean-Claude Charlet (Le Carré des Simples), Patrick Breuillet (Le Comptoir de l'Homme) et Jean-Jacques Schakmundes (Les Abeilles) pour nous avoir décrit, toujours avec passion, leurs différents parcours de créateurs.

L'auteur

Jean Marc Bruguière a réalisé ce livre en partenariat avec l'APCE. Dans le cadre de ses activités professionnelles, il intervient notamment auprès de créateurs et de managers d'entreprises sur des questions de stratégie de marché, d'organisation, de financement et d'évaluation d'actifs.

Sommaire

Avant-propos

Vous souhaitez ouvrir un magasin. Que vous soyez fils ou fille de commerçant, ou simplement attiré par cette activité et désireux de vous mettre à votre compte, il est important que vous puissiez aborder votre projet en connaissance de cause.

Cet ouvrage a donc pour ambition de vous guider dans votre parcours de créateur, de votre idée initiale jusqu'à sa mise en œuvre opérationnelle. Il s'articule en huit chapitres, qui sont autant d'étapes à suivre avant de vous lancer.

La première étape, de laquelle découlent toutes les autres, vise à apprécier, honnêtement et simplement, si vous possédez les qualités requises pour exercer le métier de commerçant et si vous avez une bonne connaissance des spécificités de cette profession (chapitre 1). Êtes-vous prêt à vous mettre à votre compte, avec toutes les conséquences que cela implique ? Mesurez-vous les contraintes qui en découlent ?

La deuxième étape consiste à bien étudier les caractéristiques du commerce de détail en magasin, à comprendre ses évolutions récentes, et à identifier les opportunités de création dans ce secteur (chapitre 2).

Une fois votre idée initiale précisée, vous devrez réaliser une étude de marché pour identifier et analyser vos concurrents, comprendre les critères de choix de vos clients potentiels et bien sûr estimer vos ventes futures (chapitre 3).

Votre projet commencera à prendre forme quand vous aurez choisi votre local, négocié les conditions d'entrée dans les lieux, décidé de la décoration et de l'agencement général de votre magasin, sélectionné vos familles de produits et arrêté votre politique de stocks. Vous disposerez alors d'une première estimation du montant de vos charges et de vos investissements (chapitre 4).

Vous devrez alors vous concentrer sur l'aspect financier complet de votre projet (chapitre 5) : comment établir vos comptes prévisionnels, estimer les fonds dont vous aurez besoin au démarrage, calculer la rentabilité future de votre entreprise, trouver d'éventuels financements extérieurs.

Enfin, pour finaliser complètement votre projet, il vous restera à choisir un cadre juridique, social et fiscal (chapitre 6) puis à être particulièrement attentif à votre régime matrimonial et au statut de votre conjoint avant d'entreprendre les démarches de déclaration et d'enregistrement de votre entreprise (chapitre 7).

Avant d'ouvrir votre magasin, il faudra vous organiser. Le chapitre 8 abordera tous les points relatifs à une gestion responsable et aux obligations fiscales et sociales à respecter.

Pour vous aider, vous trouverez au chapitre 9 une liste d'ouvrages récents ainsi que les adresses des principaux acteurs, publics et privés, partenaires possibles de votre futur projet. Par ailleurs, le site de l'APCE (www.apce.com) contient de nombreuses informations de détail qui n'ont pu, pour des raisons de place, être insérées dans ce guide. Nous vous recommandons de le consulter, notamment pour les sujets d'ordre juridique, fiscal et social qui sont l'objet de changements fréquents par les pouvoirs publics.

Êtes-vous prêt à entreprendre ? 1

NOMBREUX SONT CEUX QUI AUJOURD'HUI envisagent d'ouvrir un magasin et de créer une entreprise commerciale. Vous avez certainement de bonnes raisons de vouloir tenter l'aventure à votre tour, mais avez-vous bien mesuré tous les aspects et les contraintes de ce métier ? Connaissez-vous les compétences réelles qu'il faut posséder pour réussir dans cette activité ?

Celui qui désire se lancer dans le commerce de détail néglige trop souvent ces questions pour se concentrer uniquement sur la faisabilité économique de son projet. C'est une erreur ! Ouvrir un magasin ne se limite pas à vendre des produits ou des services, c'est aussi adopter un mode de vie particulier qui doit être cohérent avec ses aptitudes, ses capacités et ses objectifs personnels.

Qui sont les créateurs de magasins ?

Leurs profils et leurs expériences

Les créateurs de magasins proviennent d'horizons variés. Leurs profils et leurs expériences sont souvent des éléments déterminants dans la réussite de leurs projets.

Les candidats du « sérail »

Nés dans le commerce, les enfants de commerçants en connaissent souvent toutes les facettes, positives comme négatives. Ils sont habituellement au fait de toutes les « ficelles » du métier. S'ils décident, par goût et sans y être forcés, de prendre la relève de leurs parents, ces candidats trouvent très rapidement une place sur le marché.

Comme les enfants de commerçants, les employés de magasin possèdent habituellement une bonne connaissance du commerce de détail. Ceux qui, après quelques années d'apprentissage et de pratique, décident de se mettre à leur compte, sont parfaitement conscients des contraintes mais aussi des plaisirs du métier. S'ils ont su acquérir, durant leur formation et auprès de leurs anciens patrons, les qualités d'autonomie et de sérieux indispensables à la bonne gestion de leur propre affaire, leurs probabilités de succès sont souvent élevées.

Le mythe du patron reste vivace et valorisant chez ceux qui ont côtoyé ce statut.

Les postulants extérieurs

Les postulants extérieurs constituent un groupe aux profils hétérogènes et à la pratique commerciale souvent très limitée. Jeunes avec ou sans diplôme, mères de famille sans enfants en bas âge, seniors voulant changer de vie professionnelle, la plupart abordent leurs projets avec enthousiasme et confiance mais aussi avec l'idée qu'aucun savoir-faire spécifique n'est nécessaire pour percer dans ce métier. C'est parmi eux que le taux d'échec est le plus important.

Près de trois commerces de détail sur cinq cessent leur activité au cours de leurs cinq premières années d'existence.

Leurs motivations principales

Personne ne décide d'ouvrir un magasin sans raisons précises, avouées ou non. Les comprendre est essentiel car, selon leur nature, elles peuvent être forces de réussite ou au contraire sources d'échec. Trois grandes motivations, non exclusives, sont les plus fréquemment rencontrées.

La recherche de revenus importants

Réussir financièrement dans le commerce de détail est difficile mais est encore possible.

Les exemples de commerçants, ayant démarré avec un point de vente modeste et qui ont su croître et s'agrandir, sont fréquents. Ceux qui, au bout de quelques années, possèdent un petit réseau structuré, ne sont pas rares. Ils disposent de revenus importants et d'un capital professionnel qui les placent dans la tranche supérieure des actifs.

La maîtrise de son avenir

Prendre les rênes de sa vie professionnelle et décider de son destin, qui n'en a pas rêvé ? C'est souvent ce que recherchent en priorité les salariés qui pensent ouvrir un magasin : « Plus de comptes à rendre à qui que ce soit ! »

À l'approche de la quarantaine, les managers s'interrogent sur leur évolution au sein de leur entreprise et considèrent parfois qu'ils sont arrivés aux limites de leur carrière. Ils décident alors de voler de leurs propres ailes.

Cette motivation affichée, plus fréquente qu'on ne le croit, peut être très positive sauf si elle cache une impasse professionnelle et que le choix d'ouvrir un magasin est en réalité un pis-aller. Si certaines vocations se révèlent à l'épreuve, le commerce de détail n'est pas la panacée universelle. Le commerçant est certes l'unique responsable de ses actes et de ses choix, mais il doit aussi en assumer seul les conséquences juridiques et financières.

La concrétisation d'une idée attirante

Avoir une passion pour un type de produit, aimer le contact humain, vouloir se réaliser pleinement dans un projet, toutes ces raisons s'accompagnent toujours d'une implication totale. Le risque de ce type de motivation est pour le créateur de se laisser aveugler par sa passion et d'oublier les fondamentaux économiques. Pour réussir, il doit apprendre à équilibrer décisions intuitives et approches rationnelles.

Le métier de commerçant

Les contraintes du métier

Connaître les principaux profils de commerçants et comprendre leurs motivations aide le candidat à la création d'un magasin à se situer et à juger de la pertinence de ses objectifs, mais cela n'est pas suffisant. Il doit aussi avoir conscience de ce qu'implique réellement la pratique quotidienne de cette activité.

Une cadence soutenue

La journée type d'un commerçant commence avant l'heure d'ouverture du magasin et continue bien après sa fermeture, à raison de onze heures par jour, souvent six jours par semaine.

Tout au long de la journée, le commerçant est souvent debout à accueillir et à servir sa clientèle. Il doit également assurer un travail de manutention parfois éprouvant pour déballer les colis des fournisseurs, ranger les articles en arrière-boutique, les étiqueter (cela peut demander beaucoup de temps) et les disposer sur les présentoirs et les linéaires. Prendre en charge la responsabilité d'un magasin constitue donc une épreuve physique, qui demande un engagement total et une très bonne santé.

Une tension nerveuse élevée

Au quotidien, le commerçant traite avec un grand spectre de clients, la plupart du temps aimables, mais parfois aussi grincheux, revendicatifs, voire agressifs. Il est également en contact constant avec ses employés et ses fournisseurs, tous différents et, à divers degrés, plus ou moins exigeants.

La confrontation avec le public et l'attention dont il doit faire preuve en permanence sont génératrices de stress que le commerçant doit savoir évacuer pour pouvoir adopter une attitude engendrant la sympathie de sa clientèle et de ses employés.

Une personne timide et introvertie sera plus qualifiée pour des travaux administratifs que pour des responsabilités commerciales, dans lesquelles le contact avec le public est central.

Une image mitigée

Si, auprès de ses voisins avec lesquels il entretient une relation de proximité, le commerçant bénéficie plutôt d'une réputation flatteuse, l'imaginaire collectif est plus nuancé. L'activité commerciale est en effet fréquemment critiquée et jalousée pour les rémunérations élevées qu'elle procure, par rapport à un travail jugé trop facile.

Le commerçant doit pouvoir faire abstraction du regard tour à tour dubitatif, incrédule, interrogateur sinon sarcastique de son environnement social, voire dans certains cas familial. Il doit être capable d'affronter ce contexte critique avec force et conviction car, avant d'être reconnu par son succès, son travail risque d'être largement ignoré.

Les compétences et les connaissances requises

Réussir dans le commerce de détail nécessite d'être polyvalent. Si au premier chef le commerçant doit posséder des compétences certaines dans la vente, il faut aussi qu'il sache approvisionner son magasin, préparer les commandes, émettre les factures, recevoir et encaisser les chèques, suivre les impayés, gérer les stocks, etc. et bien sûr maîtriser les grands outils de gestion que sont la marge, la rotation des stocks et la trésorerie.

Il doit en outre être capable d'entregent, aimer le contact humain et posséder une aptitude à diriger une équipe et à négocier avec ses fournisseurs. Seul responsable de ses actions et de ses résultats, le commerçant doit savoir ne compter que sur lui-même et écarter les idées trompeuses trop souvent véhiculées sur ce métier.

Avoir été directement confronté à ce métier constitue bien sûr un avantage certain. Néanmoins, certaines compétences manquantes peuvent aussi être acquises par une formation adéquate.

- **1re idée reçue** « La vente, c'est facile ! » : faux, vendre est une activité qui requiert des qualités propres, telles que la conviction et la ténacité. Il faut savoir écouter et comprendre les besoins et désirs des clients pour les satisfaire et les fidéliser. Savoir vendre c'est bien, revendre à un client fidélisé c'est mieux !

- **2e idée reçue** « On y réussit vite. » : faux, patience et persévérance sont les maîtres mots de la réussite – bâtir une clientèle prend du temps, et nombreux sont les commerçants qui essuient un ou deux échecs avant de connaître le succès.

Mettre toutes les chances de son côté

Un bilan pour résumer sa situation

Sans forcément faire un bilan approfondi avec l'aide d'un prestataire spécialisé, le postulant doit analyser son parcours personnel et professionnel afin de vérifier qu'il possède les compétences et les connaissances requises pour ouvrir et gérer un magasin.

La prise en compte objective de ces éléments lui permettra d'éviter de confondre rêve et réalité, et de confirmer qu'il est personnellement prêt à accepter les contraintes de ce métier. Il s'interrogera de façon honnête et objective, en recueillant l'avis de son conjoint, de ses amis ou de ses partenaires éventuels, mais également en échangeant avec des commerçants déjà installés sur leurs satisfactions et difficultés quotidiennes.

Cet exercice personnel devra être également l'occasion de s'assurer de la réalité des autres facteurs de succès pour mener un projet de ce type, tels que le soutien de sa famille et la disponibilité de ressources personnelles suffisantes.

Avoir le soutien de sa famille

Adhère-t-elle au projet et est-elle prête à apporter son appui au futur créateur ? Cet élément est fondamental pour qu'il puisse trouver dans son environnement personnel le soutien, l'aide pratique (prise en charge par exemple de certaines tâches) et les opportunités d'échanges approfondis qui lui feront le plus certainement défaut au quotidien.

Le schéma traditionnel du couple de commerçants reste un modèle gagnant.

Par ailleurs, ses proches doivent également être disposés à faire certains sacrifices durant la phase de démarrage du magasin : déménagement éventuel et nouvelles conditions de vie familiale (moins de temps libre, moins de congés, congés en décalage lors des fêtes de fin d'année, etc.).

Avoir des ressources suffisantes

De combien de ressources le futur créateur dispose-t-il ? Les réponses apportées à cette question sont essentielles, particulièrement lors de la montée en puissance de sa future activité :

- Ses charges personnelles et familiales sont-elles compatibles avec le projet ? Peut-il bénéficier *via* son conjoint d'un salaire régulier au cours des premiers mois ?
- Ses capitaux personnels sont-ils en première approche suffisants pour assurer le financement du projet et éventuellement emporter la décision de partenaires financiers d'octroyer des prêts complémentaires ?

p. 95

La cohérence homme/projet

Les résultats de ce bilan permettront au candidat à la création ou à la reprise d'un commerce de détail de prendre une décision réfléchie et objective. S'il existe une véritable cohérence entre l'homme ou la femme qu'il est et les exigences de son projet, il pourra passer à la phase pratique et concrète de création de son magasin.

Dans le cas contraire, ce sera le moment de choisir entre se retirer définitivement ou différer le projet de façon à résoudre certaines difficultés identifiées :

- solliciter ses proches (famille et relations) pour compléter ses ressources financières, ou encore modifier certains objectifs trop ambitieux ;
- envisager une formation pour accroître ses compétences, corriger ses défauts et valoriser ses points forts, ou encore rechercher des associés ayant l'expérience et le savoir-faire qui lui manquent.

Enfin, avant de conclure, le créateur devra vérifier qu'il remplit bien toutes les exigences d'ordre réglementaire et légal pour accéder à la profession.

Les conditions d'accès à la profession

Plusieurs lois et règlements encadrent l'accès à la profession commerciale. Elles portent notamment sur la nationalité et la qualification professionnelle du postulant, ainsi que sur certaines incompatibilités avec d'autres activités.

Les citoyens français et les ressortissants d'un état membre de l'Union européenne ou partie à l'accord sur l'Espace économique européen, ainsi que les citoyens suisses et les personnes étrangères résidentes en France et titulaires d'une carte de résident ou de séjour temporaire, peuvent librement ouvrir un commerce en France. Dans les autres cas, le postulant doit préalablement demander une carte de séjour temporaire. De plus, sauf décision judiciaire particulière, pour créer une entreprise individuelle ou diriger une société, il est également nécessaire de posséder un casier judiciaire vierge d'infractions pénales, criminelles ou correctionnelles comme le vol et l'escroquerie. Cette obligation s'applique en totalité à ceux qui veulent ouvrir un commerce de détail.

Pour obtenir une carte de séjour temporaire autorisant l'exercice d'une activité non salariée en France, le candidat doit :

- *s'adresser directement à la préfecture du département de son domicile s'il est déjà résident ;*
- *demander un visa long séjour auprès des autorités diplomatiques ou consulaires françaises avant de s'adresser à la préfecture s'il n'est pas encore résident.*

Certaines activités commerciales demandent l'obtention d'un diplôme, le plus souvent des CAP et des BEP. C'est le cas par exemple pour les métiers de bouche comme les boulangers pâtissiers, les bouchers et les charcutiers. D'autres activités sont réglementées et nécessitent la possession d'une carte professionnelle ou d'une autorisation spécifique d'exercice, par exemple pour le commerce de brocante, d'optique et lunetterie, d'armes, de métaux précieux, de boissons, etc. En outre, le créateur d'une activité artisanale doit effectuer auprès de sa chambre des métiers un stage obligatoire de quatre jours de formation à la gestion (coût d'environ 200 € remboursables sous certaines conditions).

La liste exhaustive des professions requérant un diplôme professionnel est consultable sur le site de l'APCE.

À défaut des diplômes qualifiants que sont les CAP et les BEP, il faut exercer pendant au moins trois ans comme salarié avant de pouvoir créer son entreprise.

Enfin, une activité commerciale sous quelque forme juridique que ce soit reste incompatible avec l'exercice de certaines professions. Cette interdiction concerne par exemple les fonctionnaires en poste, mais aussi les professions juridiques et comptables telles que les avocats, les notaires et les commissaires aux comptes.

L'accompagnement du candidat à la création

Les mesures pour les personnes en activité

Elles concernent principalement les salariés.

Les congés pour se préparer

Le **congé individuel de formation (CIF)** permet à tout salarié en CDI ou en CDD, justifiant d'une ancienneté minimale de vingt-quatre mois, de s'absenter durant ses heures de travail dans le but de suivre, à son initiative et à titre individuel, une action de formation de douze mois de son choix. Cette formation peut être financée par le Fonds de gestion du congé individuel de formation (Fongecif ou Opacif) qui est en droit de demander au candidat à la création de réaliser un bilan de compétences.

La **validation des acquis de l'expérience (VAE)** est ouverte aux salariés possédant un minimum de trois ans d'expérience professionnelle. Elle permet d'obtenir un diplôme ou un certificat de qualification qui reconnaît et valide les compétences professionnelles de l'intéressé. Les points relais conseil (PRC) ont pour mission d'aider au choix de la certification la plus adaptée à chaque projet.

Les congés pour entreprendre

Tout salarié en poste avec une ancienneté minimale de vingt-quatre ou de trente-six mois peut prendre un **congé création d'entreprise** (à temps plein ou partiel) ou un **congé sabbatique** pour une durée prolongée, tout en ayant l'assurance de retrouver, à l'issue de cette période, un emploi équivalent au même niveau de qualification et de salaire. Durant ces congés, son contrat de travail et le versement de son salaire sont suspendus et non rompus, sauf en cas de temps partiel (le salaire est alors maintenu au prorata du nombre d'heures de travail effectuées).

La demande est à adresser à l'employeur par lettre recommandée avec accusé de réception, ce dernier conservant la latitude d'accepter ou de différer le départ en congé et pouvant même, dans certains cas, refuser la demande.

Le cumul provisoire avec un emploi salarié

La loi pour l'initiative économique du 1er août 2003 permet un cumul plus facile d'une activité salariée avec la création d'une entreprise. L'article 15 de cette loi autorise tout salarié, dont le contrat mentionne une clause d'exclusivité, à exercer pendant une période limitée à un an (durée portée à deux ans pour les salariés bénéficiant d'un congé pour création d'entreprise ayant fait l'objet d'un renouvellement de la durée initiale du congé de un an) une activité indépendante parallèlement à son emploi salarié. Ceci est possible à la condition que le salarié respecte son obligation de loyauté envers son employeur.

Au terme du délai d'un ou de deux ans, le salarié peut soit abandonner son activité entrepreneuriale, soit démissionner de son emploi et se consacrer totalement à sa nouvelle entreprise.

Les exonérations de cotisations sociales

L'article 16 de la même loi pour l'initiative économique, et certaines dispositions complémentaires du Code de la Sécurité sociale, prévoit également que les salariés qui créent ou reprennent une entreprise peuvent, pendant un an et dans la limite d'un plafond de revenu fixé à 120 % du Smic, être exonérés d'une partie des cotisations sociales dues au titre de leur nouvelle activité. Ils doivent pour cela avoir effectué au moins 910 heures d'activité salariée au cours des 12 mois précédant la création ou la reprise, et réaliser également au moins 455 heures d'activité salariée au cours des 12 mois suivant la création ou la reprise.

Sont considérées comme équivalentes à une période d'activité salariée à raison de 6 heures par jour :

- les périodes d'arrêt maladie, maternité, repos pour adoption ou accident du travail, dès lors que l'incapacité à reprendre ou continuer le travail a été médicalement reconnue ;
- les périodes de privation involontaire d'emploi durant lesquelles l'intéressé bénéficie d'un revenu de remplacement (indemnités de chômage ou allocation de solidarité spécifique) ;
- les périodes de formation professionnelle rémunérée.

Il est admis que les périodes de congés payés, comme les jours de RTT, de préavis, les jours chômés ou de repos compensateurs d'heures supplémentaires entrent également dans le calcul du nombre d'heures ouvrant droit à exonération.

Les mesures pour les non-actifs

Elles concernent principalement les demandeurs d'emploi.

Les aides spécifiques à la création

Le demandeur d'emploi indemnisé ou non, ainsi que le titulaire des minima sociaux (principalement de l'allocation de solidarité spécifique – ASS, et du revenu de solidarité active – RSA) qui désire créer son entreprise peut prétendre, sous certaines conditions, à deux types d'aides :

- l'**Aide aux chômeurs créateurs ou repreneurs d'entreprise (Accre)** consiste en une exonération de charges sociales pendant une durée minimale d'un an. Cette exonération ne porte que sur la partie des revenus ou rémunérations ne dépassant pas 120 % du Smic en vigueur au 1er janvier. Pour pouvoir bénéficier de cette aide lorsque l'entreprise est une société, le postulant doit exercer un contrôle réel sur celle-ci soit en en détenant directement ou en famille plus de 50 % du capital avec au moins 35 % à titre personnel, soit en en étant le dirigeant et en en détenant directement ou en famille plus de 1/3 du capital avec au moins 25 % à titre personnel ;

- le **Nouvel accompagnement pour la création et la reprise d'entreprise (Nacre)** est un prêt à taux zéro d'un montant de 1 000 à 10 000 €, accordé pour une durée maximale de cinq ans après expertise du projet dans le cadre du parcours d'accompagnement par un organisme labellisé par l'État ou la Caisse des dépôts et consignations. Il doit être couplé à un prêt bancaire dont le montant et la durée doivent être supérieurs ou égaux au montant et à la durée du prêt à taux zéro. Si l'entreprise est une société, le postulant doit exercer un contrôle réel sur celle-ci dans les conditions identiques à celles exigées pour pouvoir bénéficier de l'Accre.

Le maintien des allocations chômage

Le demandeur d'emploi indemnisé peut, lors du démarrage de son entreprise, demander à continuer de percevoir ses indemnités de chômage, sous deux conditions :

- demeurer inscrit comme demandeur d'emploi ;
- ne pas percevoir au titre de sa nouvelle activité plus de 70 % du salaire qui a servi de base au calcul de ses allocations chômage ;
- ne pas bénéficier de l'aide à la création ou à la reprise d'entreprise versée par Pôle emploi.

Ce cumul est limité aux droits restant dus, et dans la limite d'une durée de 15 mois. Cette dernière condition ne s'applique pas aux créateurs âgés de 50 ans et plus.

Le versement des allocations chômage sous forme de capital

Tout demandeur d'emploi indemnisé créant ou reprenant une entreprise peut demander le versement de la moitié du reliquat de ses allocations chômage sous forme de capital. Ce capital est versé pour moitié lors de l'immatriculation de l'entreprise, le reste étant alloué six mois après le début de l'activité.

Pour obtenir ce versement sous forme de capital, le sollicitant doit signaler son projet de création ou de reprise au Pôle emploi, cesser d'être inscrit comme demandeur d'emploi, avoir bénéficié de l'Accre, et ne pas être titulaire d'un contrat de travail au sein de l'entreprise créée ou reprise.

Il n'est pas possible de cumuler le versement du capital et le maintien des allocations chômage.

Commencez à ce stade à formaliser votre projet :

Quelles sont les raisons qui vous poussent aujourd'hui à ouvrir un magasin ?

Dans quel domaine d'activité commerciale souhaitez-vous vous installer ?

Votre famille soutient-elle votre projet ?

Vos compétences et vos connaissances sont-elles en adéquation avec le métier de commerçant ?

Quels sont vos points forts pour réussir ?

Quels sont vos points faibles qui risquent d'être un frein ?

Quelles actions allez-vous entreprendre en cas d'écarts majeurs entre compétences requises et aptitudes personnelles ?

Salon Caroline Cantegrit

Salon de coiffure

1, rue Blaise-Desgoffe, 75006 Paris

Caroline Cantegrit a toujours aimé la coiffure. En 1999, après vingt années de pratique, elle est associée minoritaire dans un salon du réseau de franchise Jacques Dessange. Cependant, à presque quarante ans, cette association ne lui convient plus et elle décide de s'installer à son compte, en reprenant un fonds de commerce dans une petite rue du 6e arrondissement de Paris, près de la Fnac.

Ce salon de proximité se prête totalement à la réalisation d'une atmosphère de détente, de calme et de bien-être telle que la conçoit Caroline : un décor intimiste et moderne, au style épuré avec murs de pierres apparentes et sièges de cuir blanc, le tout rehaussé par le ton chaud du bois des tablettes et des bocaux de pigments.

Caroline décide dans la foulée de s'inscrire à l'AFPA afin d'acquérir les connaissances en gestion qui lui manquent.

Une fois sa décision prise, Caroline débute un véritable parcours du combattant. Pour ouvrir son salon, elle doit d'abord être titulaire d'un brevet professionnel de coiffure. Cette formalité est effectuée en un mois et Caroline décide dans la foulée de s'inscrire à l'AFPA (Association pour la formation professionnelle des adultes), afin d'acquérir les connaissances en gestion qui lui manquent et de réaliser une étude de marché et de financement de son futur salon.

Le dossier complet, remis à plusieurs organismes bancaires, comprend vingt-quatre pages dans lesquelles sont décrits le local et son agencement, la clientèle ciblée, les prix qui seront pratiqués, les futures actions promotionnelles et les tableaux financiers prévisionnels. Caroline a opté pour l'entreprise individuelle comme structure juridique.

Ses besoins s'élèvent au total à environ 61 000 €, dont 35 000 € pour le fonds de commerce, 3 300 € pour les frais de constitution, 17 800 €

pour les aménagements et 1 900 € pour le besoin en fonds de roulement. Ils sont financés à hauteur de 15 200 € par apport personnel et de 45 800 € par emprunt.

La date d'ouverture du salon est fixée au 22 janvier 2002. Tout est prévu pour assurer son succès : service client personnalisé (accueil à la fois discret et sympathique, atmosphère conviviale, thés et cafés de qualité) et équipe au savoir-faire confirmé. Néanmoins, la démission inopinée de l'employée principale, quelques semaines seulement avant l'ouverture, bouleverse les prévisions de chiffre d'affaires. En effet cette employée, qui travaillait déjà dans l'ancien fonds de coiffure, décide de s'installer à son compte dans le même quartier et emmène avec elle une grande partie de la clientèle.

Une campagne de communication soutenue fut nécessaire.

Ce n'est en fait qu'après trois années de travail intensif et une campagne de communication soutenue (mailings, exposition de tableaux, invitation des commerçants aux alentours…) que Caroline retrouve le niveau de ses objectifs prévisionnels, c'est-à-dire 9 000 € de chiffre d'affaires par mois. *« Rien de bien exceptionnel cependant, car après avoir payé les salaires et les charges sociales de mon personnel, il ne restait que très peu d'argent pour moi. Fort heureusement, j'avais pu négocier l'achat des murs avec l'ancienne propriétaire et le loyer que le salon verse aujourd'hui à ma société civile immobilière me permet de compléter mes revenus. »*

En 2010, le pari est aujourd'hui gagné grâce notamment à l'ajout progressif de plusieurs services de qualité (embauche d'une coloriste et d'une nouvelle apprentie, présence d'une manucure indépendante…) et à la réfection récente de l'agencement et de la décoration (élément important pour donner une nouvelle impulsion à la fréquentation). Le chiffre d'affaires, qui a cru régulièrement au cours des cinq dernières années, s'établit à un niveau satisfaisant et laisse envisager l'avenir avec sérénité.

Caroline Cantegrit ne regrette rien, mais elle insiste sur deux grandes sources de difficultés :

- le poids des charges sociales qui freine l'embauche et la possibilité d'augmenter les salaires du personnel afin de le motiver ;
- la négligence de certains cabinets comptables à fournir des prévisionnels de charges fiables et à anticiper les sorties de trésorerie.

Le commerce de détail en magasin 2

COMMENÇONS PAR ÉTABLIR LE CADRE du commerce de détail en magasin, avec un rapide rappel de sa définition et de son poids économique. Pour que vous puissiez vous situer dans votre futur métier, nous étudierons ensuite l'évolution des grands domaines d'activité de ce secteur économique au cours des quatre dernières décennies puis l'actualité des magasins indépendants.

Panorama du commerce de détail

Le commerce de détail en magasin, c'est-à-dire hors la vente par correspondance et sur les marchés, regroupe les activités dont la clientèle est constituée majoritairement de particuliers.

À l'exception des pharmacies, trois grands types d'activité y sont exercés :

- le **commerce à prédominance alimentaire**, le plus important en valeur, concerne la vente de produits en l'état (épicerie, primeurs...) ou après transformation (boulangerie, pâtisserie, boucherie et charcuterie). On parle dans ce dernier cas d'artisanat commercial ;
- le **commerce non alimentaire spécialisé** regroupe la vente d'articles d'habillement, d'équipement de la personne, de loisirs, culture et sport, d'équipement du foyer, d'aménagement de l'habitat, et de biens d'occasion. Comme dans le commerce alimentaire, plusieurs grandes chaînes de distribution cohabitent aujourd'hui avec des petits magasins ;
- le **commerce de services** rassemble des activités telles que la coiffure, les soins de beauté, la blanchisserie et la teinturerie, les services personnels.

Le champ du commerce en magasin recoupe quelquefois celui de l'artisanat. Au sens légal, certaines activités supposent en effet de posséder une qualification professionnelle et une inscription au répertoire des métiers (boulangers, traiteurs, esthéticiennes, coiffeurs, photographes...).

En 2008, ces diverses activités commerciales ont réalisé un chiffre d'affaires global de 415 milliards d'euros TTC en ligne avec la tendance positive notée depuis une dizaine d'années. Depuis 2006, ce sont essentiellement les magasins non alimentaires spécialisés et les grands magasins qui ont bénéficié des plus forts taux de croissance en volume, alors que les magasins d'alimentation ont connu une relative stagnation de leurs ventes.

Formes de vente	Nombre d'entreprises	Nombre de points de vente	Personnes occupées	Effectifs salariés	CA TTC 2008 en Md€	Évolution en volume 2008/2006
Petits magasins d'alimentation spécialisée	20 330	21 993	52 985	32 427	15,9	– 2,3
Petits magasins d'artisanat commercial						
boulangeries, pâtisseries	39 666	45 859	185 374	141 626	10,9	– 1,6
boucheries, charcuteries	20 980	26 890	74 124	56 482	8,7	– 2,6
Petites surfaces d'alimentation générale	17 557	19 374	54 986	38 545	16,2	– 0,2
Grandes surfaces d'alimentation générale	5 902	14 428	539 525	525 558	180,6	0,9
Grands magasins et bazars	1 692	2 535	31 443	26 506	7,2	4,6
Magasins non alimentaires spécialisés	166 485	222 206	788 569	648 633	161,5	7,4
Magasins de prestations de services	113 885	114 178*	256 963	154 026	14,0	nd
TOTAL	**386 497**	**467 463**	**1 983 969**	**1 623 803**	**415,0**	**3,6***

** : estimation   nd : non déterminée*

Source : Insee, Commerce 2009 et Services 2008.

Les 386 500 entreprises (hors pharmacies) du commerce de détail en magasin regroupent aujourd'hui un peu moins de 467 500 points de vente et occupent environ 2 millions de personnes. La part salariée s'élève à près de 1 624 000 emplois (en équivalents temps plein) et se caractérise par :

- un nombre significatif d'emplois jeunes (13 % de quinze à vingt-quatre ans, contre 8 % pour l'ensemble de l'économie) et de femmes (61 % contre 46 % dans le reste de l'économie) ;
- un taux élevé d'employés (48 %) et de salariés à temps partiel (36 %) ;
- une proportion importante de travail en fin de semaine (95 % des salariés du commerce de détail travaillent le samedi et 40 % travaillent occasionnellement ou habituellement le dimanche).

Quarante années de transformation

Le commerce de détail en magasin a subi de nombreuses mutations à partir de la fin des années soixante. C'est aujourd'hui un secteur économique très hétérogène, dans lequel plusieurs grandes chaînes de grande distribution alimentaires et non alimentaires côtoient un nombre encore élevé de petits magasins.

Le commerce à prédominance alimentaire

Le commerce à prédominance alimentaire rassemble les magasins d'alimentation spécialisée (primeurs, poissonneries, débits de boissons, crémeries, confiseries...), les magasins d'artisanat commercial (boulangeries, pâtisseries, boucheries, charcuteries...), les petites surfaces d'alimentation générale (épiceries, supérettes, magasins de surgelés) et les grandes surfaces d'alimentation générale (chaînes d'hypermarchés, de supermarchés et de magasins populaires).

Au cours des quatre dernières décennies, la part de l'alimentation spécialisée, de l'artisanat commercial et des petites surfaces d'alimentation générale dans le chiffre d'affaires global de ce type d'activité a diminué régulièrement au profit des grandes surfaces.

Les grandes chaînes de distribution à prédominance alimentaire, sont aujourd'hui de véritables usines à vendre qui répondent principalement à une demande de produits de grande consommation à des prix très compétitifs.

Aujourd'hui, les chaînes d'hypermarchés (1 460 unités de surface de plus de 2 500 m^2) et de supermarchés (9 880 unités de surface comprise entre 400 et 2 500 m^2) réalisent près de 81 % du chiffre d'affaires total du commerce en magasin à prédominance alimentaire alors qu'elles ne représentent que 11 % du parc commercial. Leur poids dominant subit cependant un tassement depuis 2003.

Le commerce non alimentaire spécialisé

Le commerce non alimentaire spécialisé regroupe des produits variés dans les domaines de l'habillement (vêtements, chaussures), de l'équipement de la personne (maroquinerie, articles de voyage, parfums et produits de beauté, articles de photographie et d'optique, horlogerie et bijouterie), de la culture, des loisirs et du sport (livres, journaux et papeterie, outdoor, jeux et jouets, articles de puériculture, matériels de bureau, ordinateurs et logiciels, téléphonie, articles de souvenirs, objets artisanaux

La spécialisation s'apprécie à partir de la gamme de produits vendus (8 gammes alimentaires et 11 gammes non alimentaires à partir de la nomenclature d'activités française).

Formes de vente	**Nombre d'entreprises**	**Nombre de points de vente**	**CA HT 2006 en Md€**
Magasins d'alimentation spécialisée et d'artisanat commercial	80 976	94 7427	25,2
Petites surfaces d'alimentation générale	17 557	19 374	9,9
Grandes surfaces d'alimentation générale	5 902	14 428	170,7
supermarchés	5 061	9 877	70,3
hypermarchés	814	4 276*	96,1
magasins populaires	27	275	4,3
Total	**104 435**	**128 544**	**205,8**
Poids relatif des hyper et supermarchés	**5,63 %**	**11,01 %**	**80,84 %**

* *les chaînes d'hypermarchés regroupent des unités de tailles différentes. Au sens strict, le nombre d'hypermarchés d'une surface supérieure à 2 500 m² n'est que de 1 460.*

Source : Insee, Commerce 2009.

Si l'une de ces 19 gammes génère plus de la moitié du chiffre d'affaires du magasin, le commerce est considéré comme spécialisé dans cette gamme. Dans le cas contraire, on considère la gamme générant au moins 5 % du chiffre d'affaires.

ou religieux), d'équipement du foyer (meubles, électroménager et radiotélévision, luminaires, vaisselle et articles de ménage), d'aménagement de l'habitat (textiles, quincaillerie, bricolage, revêtements de sols et de murs, fleurs) et des biens d'occasion.

Historiquement très actifs dans ces différents domaines d'activité, les petits magasins non alimentaires détenaient la quasi-totalité du marché en 1966. Mais l'apparition progressive de grandes chaînes de distribution spécialisée a régulièrement érodé leur position, à l'instar de ce qui s'est produit dans le commerce alimentaire un peu plus tôt. C'est ainsi qu'aujourd'hui, le grand commerce spécialisé réalise 44 % du chiffre d'affaires de ce type d'activité avec seulement 11 % des points de vente.

En parts de marché, le grand commerce spécialisé détient actuellement un poids prépondérant dans les parfums et produits de beauté, les appareils électroménagers, le bricolage, les revêtements de sol et de mur, les vêtements et les chaussures, les articles de sport et de loisirs, et les meubles. Dans certains de ces domaines d'activité, il est aussi en concurrence directe avec les chaînes de distribution à prédominance alimentaire qui ont diversifié peu à peu leurs ventes en investissant ces marchés.

Le grand commerce spécialisé regroupe les chaînes employant au minimum 100 salariés, ou bien au minimum 50 salariés avec au moins un magasin de 2 500 m² ou au moins dix magasins.

Le commerce de services

Les domaines d'activité du commerce de services en magasin sont essentiellement la coiffure, les soins de beauté et autres services corporels (esthétique, manucure, pédicure), la blanchisserie et la teinturerie, et aussi les services personnels tels que la mise en relation matrimoniale, l'exploitation de machines de jeu ou le toilettage animalier.

Contrairement aux commerces à prédominance alimentaire et non alimentaire spécialisé, le commerce de services est resté au cours des quatre dernières décennies très largement le champ des petits commerçants. Seuls se sont développés dans ce secteur des réseaux sous forme de franchises ou de groupements de détaillants. Ainsi,

Domaines d'activité en magasin	**Nombre d'entreprises**			**Nombre de points de vente**			**CA HT 2006 en Md€**		
	Tous magasins	Grand commerce	Poids du GC	Tous magasins	Grand commerce	Poids du GC	Tous magasins	Grand commerce	Poids du GC
Habillement	37 864	176	0,5 %	59 330	12 438	21,0 %	26,9	13,4	49,7 %
Équipement de la personne	17 945	59	0,3 %	23 821	2 360	9,9 %	12,1	4,5	37,2 %
Culture, loisirs, sports	48 009	92	0,2 %	60 565	4 573	7,6 %	27,9	10,2	36,5 %
Équipement du foyer	21 731	89	0,4 %	27 493	2 017	7,3 %	27,8	14,8	53,4 %
Aménagement de l'habitat	25 856	112	0,4 %	33 957	2 446	7,2 %	24,3	11,6	47,6 %
Autres produits	15 080	7	0,0 %	17 040	11	0,1 %	6,2	0,7	10,7 %
Total	**166 485**	**535**	**0,3 %**	**222 206**	**23 845**	**11,1 %**	**125**	**55,1**	**44,0 %**

Source : Insee, Commerce 2009.

plus particulièrement dans la coiffure, un peu plus de 10 % des 56 000 salons recensés (les 10 000 autres points de vente opérant hors salon et à domicile des clients) exercent leur activité en franchise ou groupement, soit environ 6 000 salons regroupés en plus de 50 enseignes.

Domaines d'activité en magasin	Nombre d'entreprises	Nombre de points de vente *	CA HT 2006 en Md€
Coiffure	59 084	56 000	5,4
Soins de beauté	18 618	19 500	1,2
Blanchisseries, teintureries, pressings	8 453	9 000	0,8
Autres services personnels	13 288	14 500	0,7
Réparation d'articles domestiques	14 442	15 178	1,7
Total	**113 885**	**114 178**	**9,8**

* *estimation*

Source : Insee, Services 2008.

Actualité du petit commerce en magasin

Les petits magasins, définis comme les entreprises constituées d'une seule boutique et avec un effectif de deux employés au plus, regroupent aujourd'hui environ 316 000 entreprises. De 1966 à 1998, ils ont subi de plein fouet la concurrence de la grande distribution alimentaire et spécialisée, notamment dans le commerce de bouche où leur nombre a baissé de plus de 70 %.

Cependant, depuis une dizaine d'années, cette tendance globale à la baisse s'est stabilisée et s'est même inversée dans certains domaines d'activité.

Les domaines d'activité préférés

Dans l'alimentaire, le recul du nombre de petits magasins ralentit de façon importante depuis 1999 en raison du retour de la préférence des consommateurs pour les points de vente traditionnels de proximité et de la demande croissante pour de nouveaux types d'achat (bio, frais, équitable). Cette évolution positive s'exprime aussi bien dans les commerces d'alimentation générale (- 1,7 % par an entre 1999 et 2007 contre - 5,3 % entre 1993 et 1999) que de primeurs (- 1,5 % contre - 3,5 % respectivement). Seul le nombre de boucheries et de charcuteries continue à se replier au même rythme que précédemment (- 3,4 % en moyenne par an).

Dans le non-alimentaire, le nombre de fleuristes, de magasins d'électroménager et de magasins de chaussures continue de baisser mais avec moins d'ampleur. Seul le nombre de librairies accentue son recul depuis 1999. En revanche, après une diminution entre 1993 et 1999, le nombre de petits magasins progresse dans plusieurs des segments de consommation dynamiques de ces dernières années : commerces d'articles de sport et de loisirs, ventes de meubles et bricolage, magasins de sport et loisirs. Le secteur de l'habillement inverse également sa tendance et augmente son nombre de petits magasins de 0,6 % en moyenne par an depuis 1999 grâce à l'adoption de nouvelles approches commerciales (par exemple offre d'articles en vogue, conseils à la clientèle).

Dans le commerce de services, le nombre de petits magasins continue à connaître une croissance soutenue, particulièrement dans les soins de beauté et le toilettage animalier, et dans une moindre mesure dans la coiffure.

Dans la concurrence qui oppose les diverses formes de vente, un petit magasin de détail doit veiller à garder son identité et à ne pas copier les techniques propres aux grandes surfaces.

Activités	**Évolution annuelle moyenne du nombre de petits magasins**	
	1993-1999	1999-2007
Alimentaire		
alimentation générale et supérettes	– 5,3	– 1,7
boulangeries-pâtisseries	+ 0,6	– 0,4
boucheries-charcuteries	– 3,4	– 3,4
primeurs	– 3,5	– 1,5
Non alimentaire		
vêtements	– 3,4	+ 0,6
chaussures	– 3,4	– 0,9
électroménager	– 2,9	– 2,6
meubles	– 2,5	+ 1,5
bricolage-quincailleries	– 1,5	+ 1,0
librairies	– 1,5	– 2,0
sports et loisirs	– 1,0	+ 0,9
fleuristes	+ 0,6	– 0,1
		2003-2007
Services		
coiffure	nd	+ 1,5
soins de beauté	nd	+ 12,9
blanchisseries-teintureries	nd	– 0,5
soins personnels	nd	+ 4,2

nd : non déterminée

Source : Insee, Commerce 2009 et Services 2008.

Les modes d'exercice pratiqués

Même dans les domaines d'activité dont le nombre total de petits commerces stagne ou baisse, l'ouverture de petits magasins de détail attire toujours de nouveaux candidats. Ceux-ci ont aujourd'hui le choix de s'installer en indépendants ou d'adhérer à des groupements de détaillants et à des réseaux de franchise.

L'installation en magasin indépendant reste toujours largement privilégiée. Ainsi, parmi les 33 300 commerces alimentaires et non alimentaires créés en 2008 (création pure ou reprise d'activité existante), la presque totalité a concerné des petites surfaces opérées majoritairement en mode indépendant. La même tendance est également vraie dans les activités de services.

Il y a création pure *si l'activité n'est pas la poursuite d'une activité de même type exercée antérieurement au même endroit.*
On parle de création par reprise *en cas de rachat d'un fonds de commerce existant.*

L'adhésion volontaire à un groupement de détaillants ou à un réseau de franchise est cependant le phénomène notable de ces dernières années, particulièrement dans les domaines non alimentaires et les services. En rejoignant l'un des 630 réseaux de franchises ou des 74 groupements de détaillants, le commerçant peut en effet gagner en compétitivité en bénéficiant d'économies importantes sur ses achats et d'un meilleur impact publicitaire.

Quel que soit le mode d'exercice choisi, ces nouveaux responsables de petits commerces :

- sont principalement des femmes et sont souvent plus jeunes que dans l'ensemble de l'économie. Peu diplômés (61 % ont au plus

Domaine d'activité	Réseaux de franchise			Groupements de détaillants		
	Réseaux	Franchisés	Points de vente	Groupements	Enseignes	Points de vente
Équipement de la maison	117	4 218	5 997	17	28	4 552
Équipement de la personne	298	7 709	18 073	10	16	2 012
Alimentaire	94	7 448	11 669	6	12	4 562
Autres domaines d'activité (dont services)	121	4 151	6 564	41	68	26 024
Ensemble	630	23 526	42 303	74	124	37 150

Source : Fédération française de la franchise, 2008.

un CAP ou un BEP), ils ont souvent perdu leur emploi précédent (40 %) et s'appuient nettement sur leur conjoint ;

- choisissent majoritairement la structure juridique de l'entreprise individuelle (pour deux tiers d'entre eux) ou en société sous forme de SARL ;

- bénéficient prioritairement de prêts bancaires en cas de reprise (46 % au titre de l'entreprise, 26 % à titre personnel).

Les revenus générés

Les revenus des chefs d'entreprise du petit commerce sont difficiles à apprécier avec précision dans la mesure où ils ne sont que partiellement déclarés. Sur la base des déclarations fiscales, le revenu

Afin de soutenir le commerce d'alimentation générale de proximité, l'État, via *le Fonds d'intervention pour les services, l'artisanat et le commerce (FISAC), subventionne la conception et la mise en place d'actions collectives destinées tout particulièrement aux épiceries sans enseigne.*

annuel moyen des petits commerçants indépendants hors services opérant en entreprise individuelle serait cependant de l'ordre de 25 600 € nets. Derrière ce chiffre se cachent cependant de fortes disparités entre domaines d'activité et tailles d'entreprise (appréciées à travers le nombre de salariés).

Domaine d'activité	**Revenu annuel net moyen des commerçants entrepreneurs individuels (en euros)**	
	Moyenne	Effectif salarié moyen
Artisanat commercial	28 500	3,2
Alimentation spécialisée	19 600	1,9
Petites surfaces d'alimentation générale	15 300	1,6
Équipement de la personne	16 500	1,7
Équipement du foyer et aménagement de l'habitat	16 500	1,9
Culture, sports et loisirs	25 600	1,8
Autres non alimentaires	16 100	1,6
Réparation d'articles personnels et domestiques	14 500	1,6

Source : Insee, Revenus des commerçants 2005.

Par ailleurs, à l'intérieur de ces moyennes, les revenus varient également en fonction de l'ancienneté de l'entreprise et de l'âge de son dirigeant. Les entreprises les plus rentables ont entre 20 et 27 ans d'existence et leur dirigeant est âgé de 45 à 55 ans.

Pensées d'Intérieur

Vente d'articles de décoration et de cadeaux

75, rue de la République, 89100 Sens

En 1997, Dominique Akcelrod est depuis dix ans directrice générale d'une entreprise de taille moyenne, spécialisée dans la fabrication industrielle d'équipements pour les hôpitaux et les maisons de santé. L'activité relève essentiellement de la métallurgie, mais une partie du chiffre d'affaires provient aussi du négoce de mobilier en bois que Dominique sélectionne principalement dans les salons et les foires professionnels.

Ce monde l'attire de plus en plus et quand elle décide de changer d'univers, c'est naturellement vers la création d'un magasin d'objets de décoration d'intérieur qu'elle se tourne.

« Au départ, il ne faut pas hésiter à rester ouvert du lundi au samedi de 9 heures à 19 heures, de janvier à décembre. »

Forte d'une solide expérience de gestion et très volontaire, Dominique aborde son nouveau projet avec réalisme et pragmatisme. Sa première action est de rassembler toutes les informations disponibles sur le commerce de détail, générales ou spécifiques au domaine de la décoration. *« Je me suis inscrite à un séminaire d'une semaine destiné aux futurs créateurs, délivré par la chambre de commerce et d'industrie de l'Yonne. Cela m'a permis d'actualiser mes connaissances juridiques et fiscales liées au secteur commercial. Tout de suite après, j'ai fait une étude de marché pour mieux cerner les profils de mes futurs clients, évaluer le potentiel d'une installation à Sens et construire mes plans financiers prévisionnels. »* Dominique consulte également tous les livres ou brochures sur le sujet : *« À l'époque, il n'y avait pratiquement rien sur l'ouverture d'un commerce de détail. J'ai pu néanmoins trouver un manuel sur les bonnes pratiques commerciales contenant plusieurs illustrations concrètes. Au début, je les ai appliquées presque à la lettre. »*

Une règle qu'elle se félicite d'avoir suivie est le vieux dicton selon lequel il y a trois conditions fondamentales pour réussir dans le commerce de détail : d'abord la qualité de l'emplacement, ensuite la qualité de l'emplacement et enfin la qualité de l'emplacement.

Aussi choisit-elle sans hésitation un magasin situé en plein centre-ville, face à la cathédrale, dans le secteur marchand. Avec sa large devanture et ses deux étages, d'une surface totale de 100 m^2, elle peut exposer un grand choix d'articles, dont certains volumineux comme des dessertes, des canapés ou des commodes. Plutôt que de louer, Dominique préfère investir une partie de son épargne personnelle dans l'acquisition des murs de sa boutique. Il s'agit à ses yeux d'un bon placement immobilier, qui constitue en outre une garantie pour négocier un financement complémentaire auprès du secteur bancaire dans le cadre de son entreprise individuelle. Ses besoins globaux (murs, agencement, équipement et stocks) seront en effet financés à 30 % par un apport personnel et à 70 % par un emprunt réalisé auprès du Crédit Mutuel.

Au cours des deux premiers exercices, les ventes de *Pensées d'Intérieur* augmentent de manière régulière, avec naturellement une période de très forte activité au moment des fêtes de Noël et du Nouvel An. Si le point mort est constamment dépassé, les résultats ne permettent pas à Dominique de se verser une rémunération correcte. Ce n'est que lors du troisième exercice que sont enfin atteints les ratios de la profession et que le magasin dégage un chiffre d'affaires de 300 000 € pour une équipe équivalant à deux temps plein (la gérante plus deux vendeuses à mi-temps).

Pourtant, la partie aura été rude et aucun coup ne lui aura été épargné : *« Ma première employée m'a quittée au bout d'un an – alors que je l'avais entièrement formée au métier – pour me concurrencer avec une franchise commerciale de 1 000 m^2 de surface d'exposition. Et certains de mes fournisseurs m'ont imposé des quantités importantes de commande et des conditions rigides de paiement, sans pour autant tenir leurs engagements d'exclusivité. »* Sa réponse fut de redoubler d'efforts : ouverture du magasin du lundi au samedi de neuf heures à dix-neuf heures, de janvier à décembre, et politique de communication soutenue (achats de fichiers auprès de la chambre de commerce et d'industrie, mailings avec cadeaux à venir retirer à la boutique, carte de fidélité, animations dans le magasin...).

En 2010, *Pensées d'Intérieur* bénéficie d'une image forte et d'une clientèle fidèle, tant locale que parisienne, attirée par la grande variété de choix. Les Parisiens y viennent le week-end « chiner » des articles de qualité très tendance, proposés dans une large gamme de prix (nappes, consoles, mobilier de charme, bougies, luminaires, articles de table, bibelots, etc.). Les goûts évoluent cependant vite et une des clés de la réussite de Dominique est de savoir rester constamment en phase avec la demande : ainsi, plutôt que les meubles patinés de ton gris léger ou beige mastic, ce sont les objets au design moderne qui sont actuellement en vogue.

« Il faut offrir un large choix pour créer l'intérêt et la curiosité. Ne craignez pas de viser l'abondance et la diversité des produits ! »

« J'aurais dû me lancer plus tôt », affirme Dominique Akcelrod, passionnée, mais qui reconnaît aussi la difficulté du métier : fatigue physique (station debout, manipulation de colis, etc.) et présence quasi permanente. À ses amis qui l'interrogent sur son expérience, elle donne invariablement le même conseil : *« Dans mon secteur, la période des fêtes est cruciale. Il faut savoir offrir un large choix pour créer l'intérêt et la curiosité. Ne craignez donc pas de viser l'abondance et la diversité. Si en fin de période, il vous reste encore quelques articles en stock, vous pourrez les écouler lors de la saison suivante en les intégrant harmonieusement à votre offre renouvelée. »*

Et si vous vous installiez ? 3

VOUS ÊTES MAINTENANT SÛR DE POSSÉDER les compétences requises pour être commerçant, vous avez choisi votre domaine d'activité et vous avez identifié un emplacement potentiel. Néanmoins, avant de vous lancer, vous devez réaliser une étude de marché qui vous permettra de bien analyser votre champ d'intervention et de comprendre vos prospects et vos concurrents.

Cette étude représente la clé de voûte de votre projet. C'est à partir d'elle que vous allez pouvoir confirmer votre choix et bâtir votre plan commercial.

Pourquoi une étude de marché ?

Une étude de marché a pour objet de rassembler les informations qualitatives et quantitatives sur l'activité envisagée, puis à les rapprocher pour en comprendre le fonctionnement et se poser les bonnes questions sur la nature, la taille et le taux de progression de la demande, les caractéristiques de l'offre, l'existence de besoins non satisfaits, etc.

Les informations collectées et leur bonne interprétation fournissent les éléments de réflexion pour définir dans le plan commercial du projet la réponse à apporter à quelques questions simples :

- que faut-il proposer ?
- quelle gamme de produits ou de services faut-il commercialiser ?
- à quels prix et à quelles conditions ?
- quels sont les meilleurs moyens pour pénétrer le marché et s'y installer durablement ?
- quel est le chiffre d'affaires envisageable et le délai pour y parvenir ?

Selon une analyse réalisée par l'APCE, une étude de marché de mauvaise qualité ou inexistante est l'une des principales causes de défaillance des entreprises.

Une étude de marché constitue donc avant tout un réducteur d'incertitudes et un guide pour l'action. Le porteur du projet peut la sous-traiter à des professionnels du marketing (*cf.* Adetem, Association pour le développement des techniques de marketing) ou à une « junior entreprise » (association d'étudiants des grandes écoles de commerce) qui pratique des prix plus attractifs. Toutefois, il est préférable qu'il la réalise lui-même ou qu'au moins il y participe activement, car en procédant de la sorte, non seulement il peut économiser plusieurs milliers d'euros, mais surtout il s'imprègne rapidement des remarques et des critiques émises.

Le travail, à base d'interviews, de recherches documentaires et d'enquêtes et observations de terrain, doit être mené pas à pas avec objectivité et en respectant quelques règles élémentaires :

Plusieurs dispositifs d'accompagnement et de formation sont ouverts aux créateurs d'entreprise en recherche d'emploi. Pour en savoir plus, le créateur doit contacter l'agence locale pour l'emploi.

- rassembler seulement les informations significatives (la pertinence de l'information est plus importante que le nombre de tableaux, de graphes et de courbes collectés) et recouper les données obtenues ;
- vérifier l'actualité des documents rassemblés, le contenu de rapports déjà existants n'étant valable qu'à un moment donné et par rapport à un contexte précis ;
- rester critique sur les informations disponibles qui peuvent être inadaptées à un projet de taille modeste ou à une activité très spécialisée.

Pour disposer d'un premier ensemble d'informations exploitables, quelques semaines, voire deux à trois mois en fonction de la précision recherchée, sont le plus souvent nécessaires.

Comment réaliser cette étude ?

Étudier un marché n'est pas une science mécanique et, pour la réaliser, il n'existe pas de canevas « prêt à l'emploi ». C'est au contraire une démarche de bon sens qu'il faut savoir adapter aux différents contextes.

Ainsi, pour un commerce de détail, la démarche la plus pertinente est de procéder en deux temps :

- une première phase pour dresser l'**état des lieux au niveau national** de l'activité choisie (décoration, boulangerie, parfumerie, charcuterie, etc.) ;

- une seconde phase pour conduire une **analyse détaillée du marché local** identifié.

Ces deux phases ne traitent pas de sujets de nature différente. Mais en procédant en deux temps, le porteur de projet se dote d'un cadre ordonné pour affiner progressivement les données nécessaires à sa réflexion et pour arrêter logiquement ses conclusions.

L'état des lieux au niveau national

Cette première partie de l'étude consiste à observer le futur domaine d'activité sous un angle macroéconomique. L'erreur fréquemment commise par les candidats à l'ouverture d'un magasin est d'aborder directement l'analyse du marché local sans procéder en amont à cette phase d'observation. Cette dernière est pourtant essentielle car, elle seule permet de comprendre la situation générale du domaine d'activité envisagé (économie du marché global, cadre réglementaire, typologie et perspectives d'évolution de la consommation) et de confirmer que le domaine d'activité est globalement dynamique et porteur.

L'économie du marché global

Quelle que soit l'activité envisagée, il est nécessaire de bien comprendre en premier lieu comment le marché est structuré et comment il fonctionne. Dans ce but, les principales informations à collecter concernent :

- les volumes actuels des ventes, aux plans national et régional, par grande famille de produits et par circuit de distribution (grandes surfaces, réseaux de franchises, commerces indépendants, etc.) ;

- les taux annuels de progression des ventes, aux plans national et régional, par grande famille de produits et par circuit de distribution ;
- le nombre actuel de commerces indépendants, leurs taille et chiffre d'affaires moyen, leur santé financière, le nombre d'ouvertures et de fermetures au cours des cinq dernières années ;
- les pratiques professionnelles actuelles des commerces indépendants (politiques de prix, importance des promotions et des ristournes, politiques d'achat et de gestion des stocks, types de communication publicitaire, agencements des linéaires, fréquences de rotation des présentations, etc.) ;
- les facteurs clés de succès dans l'activité (par exemple les collections dans le commerce de vêtements).

Le cadre réglementaire

Outre l'économie du marché global, il faut également comprendre les facteurs extérieurs de natures politique, législative ou réglementaire qui encadrent l'activité et peuvent peser sur son évolution :

- conditions de création et d'ouverture d'un commerce dans l'activité envisagée (la loi 96-603 du 5 juillet 1996, dite « loi Raffarin », oblige par exemple certains artisans et commerçants à posséder une qualification minimale) ;

p. 179

- législation actuelle relative aux modes de commercialisation de certaines familles de produits ou de services, et évolution prévisible à court et moyen terme (influence par exemple de la législation en matière environnementale) ;

Il ne faut pas sous-estimer l'importance de ces questions, particulièrement si l'on envisage de commercialiser des gammes de produits innovants.

- règlements relatifs à la politique de l'emploi, à la protection sociale et à la sécurité des personnes, et évolution prévisible à court et moyen termes (par exemple sous la pression des acteurs sociaux et syndicaux, des groupes de pression et de l'opinion publique).

La typologie de la consommation

Une fois les informations ci-dessus recueillies, le futur commerçant doit finaliser son état des lieux par une bonne compréhension des modes de consommation des catégories de produits qu'il compte proposer à la vente. De nombreux organismes publics ou privés produisent périodiquement des études sur les différents profils de consommateurs, qui décrivent notamment de façon plus ou moins détaillée leur identité sociodémographique (catégorie professionnelle, âge moyen, sexe), leur statut familial (marié, célibataire, divorcé), leur style de vie (traditionnel, moderne), leur type d'habitat (urbain, périurbain, rural), leur niveau d'éducation, etc.

Pour chacun de ces profils, une description des motivations et comportements d'achat permet aussi de comprendre ses principaux critères de choix (proximité, diversité, spécialité, service, prix, fidélité à une marque, qualité des produits, etc.), sa fréquence de consommation (régulière, occasionnelle), le montant moyen dépensé, etc.

Les sources d'information

Les informations pour dresser l'état des lieux peuvent être recueillies auprès d'experts et de professionnels du métier (associations, fournisseurs, anciens commerçants) et en rassemblant les documents (études sectorielles, dossiers de conjoncture, articles de presse, ouvrages de référence, fiches métiers, etc.) publiés par :

- les syndicats professionnels et leur site Internet ;
- les chambres de commerce et d'industrie et les chambres de métiers, avec leurs bases de données sectorielles comme le serveur Delphes de la CCI de Paris ;
- les cabinets spécialisés, comme par exemple le Dafsa, le Cecod (Centre d'étude du commerce et de la distribution), Eurostaff, Xerfi ou le Credoc (Centre de recherche pour l'étude et l'observation des conditions de vie), dont les études, quelquefois onéreuses, peuvent être pour certaines consultées en résumé sur leur site Internet ;

Utiliser le plus possible les moteurs de recherche sur Internet (interrogation par mots clés).

- les organismes publics, comme l'INSEE (Institut national de la statistique et des études économiques, *www.insee.fr*), les douanes, la Direction de l'information du ministère en charge du Commerce et de l'Artisanat (*www.cnis.fr*), l'ANPE et l'INC (Institut national de la consommation, qui publie *60 Millions de consommateurs*) ;
- les revues professionnelles comme *LSA*, *Commerce Magazine*, *PIC International*, *Entrepreneur*, etc. ;
- les salons et foires professionnels (*www.foiresalon.com*, *www.salons-online.com*) ;

Bien évidemment, suivant l'expérience passée du postulant (par exemple fils ou fille de commerçant ou ancien commis), cette phase d'observation sera plus ou moins fouillée.

- les centres de documentation spécialisée (*www.bpi.fr*) ;
- l'APCE, dont le site regroupe plus de 140 fiches métiers.

L'analyse détaillée du marché local

La deuxième partie de l'étude s'inscrit dans une approche microéconomique. Elle a pour objet de compléter les informations précédemment recueillies en portant cette fois l'attention sur les caractéristiques du territoire et de l'emplacement repérés, de façon à en comprendre la logique commerciale et à en apprécier la potentialité. Il peut, en effet, y avoir de grandes différences entre la structure et l'évolution du marché au niveau de la France entière et sa tenue au niveau local.

Une étude cohérente suppose souvent des allers-retours entre le niveau macroéconomique et le niveau microéconomique.

Il s'agit essentiellement d'un travail de terrain, réalisé à partir d'observations et d'enquêtes aussi bien qualitatives que quantitatives. Il consiste d'abord à délimiter la zone de chalandise de l'emplacement, puis à analyser la concurrence et la clientèle locales.

La zone de chalandise

La zone de chalandise d'un magasin est le périmètre autour de son emplacement dans lequel habitent, travaillent ou passent habituellement - par exemple dans le cas d'une boutique située à proximité d'une gare - les consommateurs potentiels. Sa taille et le poids qu'elle occupe dans la réussite commerciale varient cependant selon que l'activité envisagée est un commerce de proximité ou un commerce de destination :

Par exception, certains commerces n'appartiennent à aucune de ces deux grandes familles. Tels par exemple les magasins de souvenirs touristiques qui vendent à une clientèle totalement de passage.

- les **commerces de proximité** regroupent essentiellement les activités de première nécessité telles que les épiceries, les boulangeries, la presse, les tabacs, etc., et les activités plus spécialisées comme par exemple les librairies, les salons de coiffure, les poissonneries ou les fleuristes. Dans ces types de commerce, un facteur important de fréquentation est la facilité et la rapidité pour y accéder.

On distingue habituellement la zone primaire dans laquelle les consommateurs potentiels sont à trois minutes à pied de la boutique, et la zone secondaire qui nécessite un déplacement de dix minutes. Ces chiffres ne constituent toutefois que des moyennes et diffèrent selon le contexte local, le consommateur potentiel pouvant être prêt à se déplacer jusqu'à cinq minutes (s'il n'y a pas de point de vente plus proche), voire jusqu'à quinze en fonction des moyens de transport. La délimitation de la zone de chalandise de ces commerces se fait à l'aide d'un plan sur lequel sont portées les distances correspondant au temps de déplacement.

- les **commerces de destination,** comme les activités hyper spécialisées (articles de pêche, modélisme ou vêtements par exemple) ou celles situées en zones périurbaines ou rurales, répondent à une logique différente. Les consommateurs de ces types de commerce sont en effet plus disséminés, souvent éloignés et prêts à se déplacer en venant de loin pour satisfaire leurs besoins ou leurs envies. La notion de zone de chalandise est donc ici plus relative et doit être appréciée en prenant en compte l'importance et la densité de la population de plusieurs quartiers ou communes contigus, voire d'une ville entière, ou d'un canton.

Une fois sa zone de chalandise définie, le porteur de projet doit la sillonner longuement à pied ou en voiture de façon à minutieusement noter tout ce qui peut avoir une incidence positive ou négative sur la fréquentation du futur point de vente :

- la configuration générale et l'urbanisation actuelle et future de la zone (aménagements programmés, construction d'édifices publics, modification des plans de circulation, création ou déplacement de lignes de transport en commun, etc.) ;
- la présence de pôles d'attraction (comme une enseigne « locomotive », un bureau de poste, une mairie...), les sens de circulation des voitures et des piétons (dans une rue, les gens circulent dans un sens plutôt que dans un autre ou bien empruntent un côté plutôt qu'un autre, etc.) en fonction de l'heure, des obstacles ou *a contrario* des commodités (passages pour piétons, parkings, signalisation). Une interdiction de stationner dans une rue peut être rédhibitoire pour un local commercial ;

La concurrence locale

La concurrence locale d'un magasin peut être directe (commerces identiques au projet) ou indirecte (commerçants vendant en partie les mêmes produits ou services, marchés forains, grandes surfaces proches, etc.). L'analyser, c'est chercher à en connaître les forces et les faiblesses pour pouvoir si possible s'octroyer une part du marché.

Les sites www.euridile.inpi.fr, www.infogreffe.com, www.societe.com, www.sirene.tm.fr fournissent les bilans de sociétés.

Pour ce faire, il faut visiter et observer, plusieurs fois par jour et à des heures variées, les boutiques des principaux concurrents implantés dans la zone :

- depuis quand sont-ils installés, et quel est leur chiffre d'affaires, leur résultat et leur santé financière ?

- quelles cibles de clientèle ont-ils choisi, et quelles gammes de produits vendent-ils et à quels prix ? quelle est la qualité du service ?
- qu'ont-ils adopté comme agencement et comme décoration, et quelle est leur politique de communication ?
- quels sont leurs jours et horaires d'ouverture ?

Les consommateurs locaux

L'absence de concurrents n'est pas toujours un bon signe. Il ne faut jamais se croire plus malin que les autres !

L'état des lieux a apporté des informations utiles sur la typologie de la consommation au niveau national. Mais il est primordial de vérifier que la zone de chalandise comprend bien les profils de consommateurs pour les produits ou services du futur magasin, d'en percer les habitudes et les souhaits de consommation et de comprendre pourquoi ils achètent dans une boutique plutôt que dans une autre.

La vérification de la présence des « bons » profils de consommateurs dans la zone de chalandise se fait en interrogeant les services économiques des conseils généraux et des mairies, mais aussi et surtout en analysant les données publiées à un niveau fin par l'Insee (statistiques issues du dernier recensement) et par le Cecod (populations locales par catégories socioprofessionnelles, pouvoirs d'achat, habitudes de consommation et indices de disparité).

La compréhension des pratiques et des attentes des consommateurs locaux s'obtient, quant à elle, en réalisant une enquête qualitative. Cette enquête consiste à questionner de façon approfondie un nombre restreint de consommateurs correspondant aux profils identifiés (par exemple une vingtaine de personnes) pendant une demi-heure, voire plus. Pour construire une trame d'entretien ou un guide d'animation (les entretiens individuels ou par groupe peuvent être utilisés) et pour savoir en interpréter les réponses, il est recommandé d'avoir recours à un spécialiste du marketing.

Dans un questionnaire qualitatif, les réponses « dirigées » n'ont qu'une valeur relative, car elles enferment l'interviewé dans un cadre restreint. Il faut préférer les questions ouvertes et les tester au préalable pour s'assurer de leur bonne formulation.

Comment bâtir le plan commercial ?

Les résultats de la recherche documentaire, de l'étude de terrain et des entretiens sont la base du plan commercial. L'objet de ce plan est de présenter de manière claire et précise les opportunités et les contraintes du marché, les perspectives de son évolution et les conditions nécessaires pour assurer le succès et la pérennité du projet.

Sa rédaction n'est pas un simple exercice littéraire mais l'occasion de mettre en forme les conclusions pressenties et d'en vérifier la pertinence tant pour le porteur du projet que pour ses futurs partenaires commerciaux et financiers. Complété des simulations financières, le plan commercial constitue la base du business plan du projet.

La confirmation du local identifié

La première tâche à réaliser avant de rédiger le plan commercial d'un projet d'ouverture de magasin est de valider le choix du local identifié.

Son environnement proche doit être analysé en se rendant sur le terrain et en observant attentivement :

- la configuration du lieu : largeur des trottoirs, qualité de l'immeuble, orientation de la rue (un local le long d'un trottoir étroit dans une rue à sens unique n'est sans doute pas le meilleur choix) ;

Un emplacement dans un secteur très marchand à forte concentration de commerces ou à attraction commerciale élevée comme une galerie marchande et une rue piétonne est qualifié de n° 1.

- la nature des commerces aux alentours : types d'activité, horaires d'ouverture et de fermeture, animation de la rue, etc. ;
- les facilités d'accès : transports en commun de qualité et en nombre suffisant, fréquence des dessertes, présence de parkings publics, disponibilité de places de stationnement et d'emplacements pour les livraisons.

Lors de cette revue, il est aussi recommandé d'observer la circulation des chalands devant le local aux différents jours de la semaine et à plusieurs moments de la journée.

Les caractéristiques du local doivent ensuite être étudiées en détail, en s'assurant de l'existence de quelques éléments essentiels :

Compter les passages devant le futur local, permet de mieux juger de la qualité de l'emplacement. L'adage selon lequel les trois conditions du succès d'un commerce sont d'abord l'emplacement, puis l'emplacement et enfin l'emplacement reste toujours d'actualité.

- une surface de vente et des réserves en cohérence avec l'activité envisagée ;
- une exposition et une visibilité optimales (attention aux dénivellations du trottoir, au mobilier urbain gênant la vue, aux immeubles élevés cachant l'ensoleillement), notamment par un emplacement en coin de rue ;

- une vitrine de dimension suffisante pour pouvoir capter l'attention en mettant les articles en situation (pour des activités de service, les dimensions de la vitrine peuvent être moins importantes) ;
- une structure en bon état général (circuits hydrauliques et électriques, gros œuvre, poutres maîtresses) et idéalement évolutive (possibilité d'agrandissement, capacité à s'adapter à des normes nouvelles).

Le passé commercial du local de doit pas être négligé, certains suscitant une empathie génératrice de succès alors que d'autres s'avèrent être de véritables « emplacements noirs ».

Enfin, il convient de s'assurer que les coûts d'acquisition (*cf.* chapitre 4) ainsi que le montant des charges locatives, des impôts locaux et des primes d'assurance récurrentes sont compatibles avec l'enveloppe budgétaire prédéfinie.

L'élaboration de la stratégie commerciale

La stratégie commerciale d'un magasin de détail rassemble tous les éléments qui déterminent son positionnement sur le marché et qui le dotent d'une proposition cohérente face à la concurrence et aux attentes des consommateurs.

Le positionnement du magasin

Positionner un magasin sur son marché local est essentiellement choisir le segment de consommateurs et les concurrents qu'il va cibler en priorité. C'est une notion particulièrement importante pour un commerce de destination pour lequel attirer une clientèle dépend moins de son emplacement que de sa capacité à définir une offre (gamme de produits, prix, services…) à une clientèle spécifique et à se faire connaître par une communication adéquate.

Mais, même pour un commerce de proximité, un positionnement reste un choix essentiel car il est rare qu'aucune concurrence directe ou indirecte ne soit présente dans sa zone de chalandise. Pour se distinguer de cette concurrence, et se doter d'une image propre, il est donc important que le magasin choisisse le ou les segments de consommateurs, parmi les profils précédemment identifiés, qu'il va cibler en priorité :

- les différents segments sont-ils largement ou peu couverts par la concurrence ?
- quelle est la taille de ces segments ?
- les segments déjà couverts peuvent-ils être détournés et par quels moyens ?

En synthèse, le choix d'un positionnement s'opère en tenant compte de trois facteurs : le positionnement des concurrents (gammes de produits, prix, communication, etc.), les attentes et les besoins des consommateurs, et la capacité à définir un avantage concurrentiel.

Un bon positionnement doit être à la fois facilement perceptible par les consommateurs ciblés, et réellement différencié des concurrents.

Les éléments opérationnels

Le positionnement du magasin se traduit opérationnellement en politiques de produit, de prix et de communication. Ces politiques doivent être cohérentes entre elles, et bien entendu avec le positionnement dont elles constituent avant tout des variables :

- les produits jouent bien évidemment un rôle fondamental dans le positionnement d'un commerce de détail. Ils doivent correspondre

Il n'est pas cohérent de proposer un produit milieu de gamme à un prix haut de gamme.

aux besoins des consommateurs ciblés et non aux goûts et préférences du porteur de projet. Mais, au sein d'une gamme, chaque produit peut avoir un rôle différent : rôle d'attraction pour attirer de nouveaux clients, rôle économique pour dégager les marges nécessaires, rôle de transition pour assurer le lien entre les gammes ;

- les prix de vente tiennent aussi une place déterminante et particulièrement critique dans la décision d'achat des produits. La politique de prix doit donc être arrêtée en logique avec le positionnement du magasin, les prix pratiqués par la concurrence et ceux acceptés par les consommateurs ciblés. Une approche par la seule méthode des coefficients multiplicateurs, si elle est facile à appliquer, n'est pas un vecteur de différenciation ;

Un coefficient multiplicateur est un chiffre qui, appliqué au coût d'achat des marchandises, donne le prix de vente. Ce coefficient varie selon les domaines d'activité et peut s'obtenir auprès des différentes organisations professionnelles ou en se reportant aux publications spécialisées, dont les fiches métier de l'APCE.

- la communication enfin a pour objectif de faire connaître aux consommateurs ciblés les produits et les services, mais aussi les autres éléments de différenciation tels que les jours et horaires d'ouverture. Elle doit traduire concrètement le positionnement et l'image du magasin par des messages simples et clairs véhiculés sur des supports adaptés.

p. 182

L'estimation du chiffre d'affaires prévisionnel

L'estimation du chiffre d'affaires prévisionnel est le point de convergence entre la stratégie commerciale et l'établissement des comptes financiers.

Pour estimer ce chiffre d'affaires, deux grandes méthodes sont habituellement utilisées : l'enquête sur les intentions d'achat et l'approche comparative. Il est utile et prudent d'appliquer ces deux méthodes puis de rapprocher leurs résultats.

L'enquête sur les intentions d'achat

Cette méthode s'appuie sur la réalisation d'une enquête quantitative auprès d'un certain nombre de consommateurs - cent personnes par exemple - correspondant aux profils ciblés. Par projection sur la population totale recensée lors de l'étude de la clientèle locale, les réponses obtenues permettent d'estimer le nombre de clients que le futur magasin est susceptible de convaincre et le volume de vente lié.

Pour bien faire, il convient de définir très précisément les objectifs de l'enquête, à savoir calculer le nombre de consommateurs ciblés confirmant leur adhésion au positionnement du magasin (gamme de produits, prix pratiqués, emplacement du local, etc.) et mesurer leur intention d'achat. Certains principes doivent être respectés dans l'établissement du questionnaire :

L'avis d'un conseil compétent et étranger au projet est utile pour l'établissement d'un questionnaire quantitatif. Un test préalable à son exploitation permet de vérifier sa construction. Il se fait en général sur 4 à 5 % du nombre de réponses souhaitées.

- le nombre de questions doit être limité (deux à trois pages au plus) et l'entretien ne doit pas dépasser trois à quatre minutes ;
- les questions doivent être ordonnées des plus simples aux plus complexes. Leur formulation doit être claire (proscrire tout jargon) et appeler des réponses précises (opter pour les questions fermées à choix multiples et à réponse unique) ;

Ainsi, pour 60 personnes déclarant leur volonté d'acheter un produit spécifique dans une future boutique – et si l'échantillon interrogé est de 100 personnes –, il est recommandé de diminuer ces 60 réponses positives de 6 à 10 % et de ne retenir au final que le chiffre moyen de 55 réponses positives (60 – 60 × 8 %).

- les questions doivent porter sur des faits récents et vérifiables (quand, où, combien…) et sur des échelles de prix.

Lors du dépouillement des résultats, la prudence réclame d'appliquer une pondération minimale aux réponses obtenues, en sachant que les réponses sur les intentions d'achat doivent faire l'objet d'une décote bien plus importante. L'expérience prouve en effet qu'il existe un fossé entre les intentions affichées et le passage à l'acte le moment venu.

Pondération minimale à appliquer aux réponses obtenues

Taille de l'échantillon	Pondération des réponses
100	6 à 10
200	4 à 7
300	3 à 6

L'approche comparative

Cette approche consiste à prendre pour référence les expériences commerciales d'autres magasins similaires et notamment les informations chiffrées collectées lors de l'étude de marché, entre autres les estimations des experts, les ratios de vente fournis par les syndicats, les associations professionnelles ou les CCI, ainsi que les données recueillies sur la concurrence locale.

Les hypothèses de chiffre d'affaires prévisionnel s'élaborent alors en rapprochant ces informations chiffrées et en les redressant pour tenir compte des spécificités du futur magasin (gamme de produits, type de clientèle, taille et surface de vente, etc.). Attention toutefois, les chiffres obtenus restent des estimations et comportent tous des marges d'erreur, surtout pour un projet nouveau. Pour pallier ces difficultés, la pratique recommandée consiste à raisonner sur la base de fourchettes et à construire au moins trois scénarios de chiffre d'affaires (un optimiste, un moyen et un pessimiste).

Le regard de professionnels locaux (experts-comptables, conseillers à la création d'entreprise, etc.) est également utile pour pondérer avec intelligence les premières estimations obtenues.

Effectuez une synthèse de vos réflexions et des informations recueillies :

Qu'allez-vous vendre et pourquoi ?

À quels types de clients ?

Connaissez-vous vos concurrents déjà en place ? Avez-vous étudié leur offre, leurs prix, leurs moyens de communication ?

Comment comptez-vous vous démarquer ?

Quelle va être votre politique de prix ?

Quelle va être votre politique de communication (surtout au démarrage) ?

Quel va être votre chiffre d'affaires prévisionnel (sur trois scénarios) ?

Bijouterie Tabard

Horlogerie, bijouterie,
joaillerie et orfèvrerie
24, place des Chevaliers-de-Malte
50800 Villedieu-les-Poêles

Pendant longtemps, les bagues, les bracelets et les montres ont été achetés et offerts pour fêter les moments forts de la vie : baptême, première communion, fiançailles, mariage, etc. C'était l'univers commercial des parents de Philippe Tabard, bijoutiers à Percy dans la Manche, qui avaient su développer leur magasin avec succès grâce à leur travail, à leur motivation et à leur audace.

Toutefois, avec la baisse de la pratique religieuse et le changement des modes de consommation, le chiffre d'affaires global des bijouteries indépendantes, particulièrement celles situées en milieu rural, a chuté progressivement au cours de ces vingt dernières années. Philippe Tabard n'a pas attendu les analyses officielles pour faire ce constat. En 1998, alors qu'il était à la tête de la bijouterie familiale de Percy, sept bijouteries sur les treize que comptait sa zone de chalandise en 1984 avaient déjà fermé. À terme, il est convaincu qu'une seule bijouterie survivra : « *La zone dans laquelle se situaient les six bijouteries restantes, dont la mienne, représentait à l'époque un chiffre d'affaires global de 450 000 à 500 000 €, pour une population d'environ 20 000 habitants. Pour être la bijouterie "gagnante", il fallait disposer du meilleur emplacement dans cette zone, c'est-à-dire être implanté à Villedieu-les-Poêles. Cette petite capitale régionale possédait des atouts incontestables : tourisme de qualité (dernière halte avant le Mont-Saint-Michel, musées du cuivre et du meuble normand), clinique d'ophtalmologie réputée, marché hebdomadaire très couru, population active...* »

« Pour être la bijouterie "gagnante", il fallait disposer du meilleur emplacement. »

L'occasion se présente début 1999 lors de la mise en vente d'une bijouterie dont la gestion était défaillante. La boutique est en centre-ville, avec un parking à proximité.

Philippe s'associe alors avec sa belle-sœur (salariée durant dix ans dans son magasin de Percy) pour créer une SARL. Ainsi, 98 % des parts sont réparties à égalité, le solde étant détenu par leur expert-comptable, afin qu'il soit arbitre en cas de différend entre les deux cogérants.

L'étude de marché et le dossier de financement sont réalisés en parallèle :

- l'achat du fonds et les travaux d'aménagement (pour environ 70 000 €), ainsi que l'acquisition du mobilier et de l'équipement informatique ont été financés par un emprunt bancaire sur sept ans ;
- le stock a été financé pour moitié par un apport personnel et pour l'autre moitié par un crédit fournisseur (remboursable par paiements échelonnés).

Un des facteurs clés de la réussite était de parvenir à transférer progressivement la clientèle de la bijouterie de Percy vers celle de Villedieu. Ce défi fut relevé avec succès au cours des deux années qui ont suivi l'ouverture du nouveau magasin (le 12 février 1999).

« Lors de la reprise du magasin de Villedieu, le chiffre d'affaires était de 65 000 €. En trois ans, nous l'avons augmenté de 312 % pour atteindre environ 270 000 € en 2001 ! Et aujourd'hui en 2009, notre magasin reste, comme nous l'avions prévu, le seul de sa zone de chalandise et nos ventes s'élèvent à celles réalisées lors de notre ouverture par les six bijouteries encore en opération à cette époque. » Si l'une des raisons de ce succès a été la capacité de fidéliser la clientèle historique de Percy, une gestion rigoureuse et innovante a également été adoptée :

« Notre logiciel d'analyse de notre fichier clients nous a été fort utile. »

- évolution des coûts de fonctionnement et de la masse salariale au même rythme que l'augmentation du chiffre d'affaires ;
- adaptation de l'offre à l'évolution de la demande.

Sur ce dernier point, les deux cogérants ont su tirer profit de leur expérience et de leur grande connaissance du marché. Le profil socioculturel de leur zone d'influence, la présence de grandes surfaces concurrentes et les occasions de consommation (fête des Mères, Saint-Valentin...) les ont convaincus qu'ils devaient rapidement se tourner vers une offre de bijoux plus festifs et moins chers que les articles traditionnels, tout en continuant de proposer un service après-vente irréprochable. Simultanément, ils ont décidé d'augmenter le niveau de leur gamme d'horlogerie, les montres étant aujourd'hui des produits moins utilitaires et plus sensibles aux effets de mode que par le passé. À cet égard, le logiciel d'analyse de leur fichier clients leur a été fort utile pour identifier les types de produits à forte demande et pour gérer la distribution de leur catalogue.

Philippe est satisfait du chemin parcouru et envisage pour l'avenir d'ouvrir un second point de vente avec son fils Jean, récemment diplômé de la CCI de Saumur en gestion commerciale de bijouterie-horlogerie et passionné par les techniques modernes de gestion et de vente. Cette extension permettra d'agrandir la zone de chalandise et d'asseoir la pérennité et la croissance de l'entreprise.

Aux créateurs en puissance, Philippe Tabard rappelle souvent ce qu'il nomme ses « règles d'or », à appliquer surtout durant les premières années d'un projet :

« Évitez un endettement trop important pour ne pas être prisonnier des remboursements du prêt principal. »

- éviter un endettement trop important pour ne pas être prisonnier des remboursements du prêt principal. Il vaut mieux programmer les investissements dans le temps et avoir recours à de nouveaux emprunts au fur et à mesure du remboursement de l'emprunt initial ;
- recourir à la location ou au *leasing*, même si leur coût est plus élevé que celui d'un emprunt bancaire.

Un commerçant doit aujourd'hui pouvoir se remettre en question à tout moment. Il doit conserver une marge de manœuvre, surtout financière, pour s'adapter aux changements constants d'une clientèle de plus en plus volatile. Comme le dit Philippe d'une façon imagée : *« Si un pêcheur à la ligne n'attrape rien à l'endroit où il se trouve, cela ne veut pas forcément dire que la rivière n'est pas poissonneuse, mais peut-être que ses appâts sont insuffisants et qu'il doit rapidement en changer. Et si, finalement, le poisson ne mord pas, il faudra envisager d'aller voir ailleurs. »*

Votre projet prend forme

4

VOUS AVEZ VALIDÉ VOTRE VOLONTÉ D'ENTREPRENDRE et vous connaissez votre futur environnement commercial, notamment grâce aux conclusions de l'étude de marché que vous avez réalisée et au plan commercial que vous avez bâti. Votre projet a maintenant une âme !

Il est maintenant temps de lui donner corps en négociant au mieux les conditions d'entrée dans le local que vous avez choisi, et en définissant également l'agencement et la décoration de votre futur magasin ainsi que sa politique d'achat et de stock.

Cette étape est primordiale, car les décisions que vous allez prendre vont vous engager à moyen terme. Pour éviter toute erreur, il est indispensable d'adopter une démarche rigoureuse.

Les différentes formules pour entrer dans les lieux

Celui qui envisage d'ouvrir un magasin peut être confronté à deux grandes options : soit prendre en location un local vacant et non affecté, soit reprendre un fonds de commerce existant ou un bail en cours.

En pratique, la plupart des créateurs choisissent la location plutôt que l'achat des murs qui suppose de disposer de sommes généralement élevées.

Que négocier en cas de local vacant et non affecté ?

Certains locaux commerciaux peuvent être libres de tout titre d'occupation. Il s'agit le plus souvent de locaux récemment construits ou de locaux dont le contrat de location précédent est venu à expiration. Dans ce cas, vous traiterez avec le propriétaire du local et conclurez avec lui un bail commercial qui prendra la forme soit d'un bail traditionnel, soit d'un bail *à l'américaine*.

Le bail commercial concerne les entrepreneurs, immatriculés au registre du commerce et des sociétés ou au répertoire des métiers, qui exploitent, dans des locaux commerciaux, un fonds de commerce ou un fonds artisanal.

Le bail traditionnel

Un bail traditionnel est un contrat de location conclu entre le propriétaire des murs (*le bailleur*) et le commerçant (*le locataire*). Il est soumis à des dispositions d'ordre public et est encadré par un statut spécifique. Concernant certaines clauses, la liberté de rédaction est totale tandis que pour d'autres, aucun choix n'est possible, ou alors seulement un choix mesuré.

Les grands principes du bail commercial

Durée du bail	Le bail est établi pour une durée minimale de 9 ans, plus rarement 18 ans, mais il ne peut être conclu pour une durée indéterminée.
Renouvellement du bail et indemnité d'éviction	Le renouvellement du bail commercial est une des principales caractéristiques de ce contrat. Il peut être demandé par le locataire à l'expiration du premier contrat et selon un formalisme précis. Si le bailleur refuse le renouvellement, et sauf motif grave et légitime, il doit verser au locataire une indemnité d'éviction destinée à compenser le préjudice subi. Cette indemnité correspond le plus souvent à la valeur de marché du fonds de commerce, mais peut être supérieure si le local jouit d'une situation de premier ordre. À défaut de toute manifestation du locataire ou du bailleur, l'ancien bail se poursuit tacitement.
Résiliation du bail	Le locataire peut résilier le bail au terme de chaque période triennale (d'où son appellation commune de bail 3/6/9), sauf clause expresse contraire. Le bailleur qui désire effectuer des travaux de restructuration ou de reconstruction importants sur son bien peut, dans les mêmes conditions d'échéance et de forme, demander la résiliation du bail sans verser d'indemnités au locataire. À tout moment, il est toujours possible aux parties de résilier le contrat d'un commun accord, ou si est incluse une clause résolutoire pour non-respect des engagements.
Cession du bail	Le bailleur ne peut interdire au locataire de céder son bail lorsque la cession a lieu avec l'ensemble des éléments composant le fonds de commerce.
Sous-location du bail	Toute sous-location totale ou partielle est interdite sauf lorsqu'une clause du bail l'autorise ou lorsque le propriétaire donne son accord ultérieurement (par lettre ou avenant au contrat par exemple). Le locataire doit, par ailleurs, faire intervenir le propriétaire à l'acte de sous-location.

S'agissant des conditions financières, la loi ne met à la charge du locataire que le versement du loyer et d'un éventuel dépôt de garantie, fixés d'un commun accord entre les parties. Mais lors de l'entrée dans les lieux du nouveau locataire, une pratique courante est de demander à ce dernier de verser une somme d'argent forfaitaire, dite « ***pas-de-porte*** » ou droit d'entrée. Cette pratique a le plus souvent pour origine la volonté du bailleur de se garantir contre l'obligation légale de verser à son locataire une indemnité d'éviction au cas où il n'entendrait pas lui renouveler son bail.

Dans des cas spécifiques, il est également possible de recourir à des baux de courte durée, limités à vingt-quatre mois, voire à des conventions d'occupation précaire. Ces formules dérogatoires au statut commun permettent notamment de valider un concept commercial avant de conclure un bail 3/6/9 ans mais ne confèrent au locataire ni droit à renouvellement ni indemnité d'éviction. Pour plus de détails sur ces formules, cf. le site de l'APCE.

Si aujourd'hui il n'y a plus dans les faits de corrélation entre le montant du pas-de-porte demandé et celui de l'éventuelle indemnité d'éviction, la pratique du pas-de-porte demeure toujours et est validée par les tribunaux. La qualification juridique retenue (garantie pour indemnité d'éviction ou supplément de loyer) a des conséquences fiscales différentes pour le bailleur et pour le locataire.

Que négocier en cas de local déjà affecté ?

La plupart des locaux restent rarement inoccupés et, le plus souvent, un locataire est déjà dans les lieux. Ce locataire, détenteur d'un bail commercial en cours, peut toutefois désirer se retirer en cédant à un repreneur extérieur soit la totalité de son fonds de commerce, soit uniquement son droit au bail.

Le fonds de commerce

Le fonds de commerce comprend l'ensemble des biens corporels et incorporels du magasin, à l'exception des murs et des stocks :

- les biens corporels sont essentiellement le matériel, le mobilier ainsi que tous les biens dont la durée de vie est supérieure à un an et qui concourent à l'exploitation ;
- les biens incorporels incluent principalement les valeurs de la clientèle, de l'enseigne, des brevets et des marques, et le bail.

Le fonds de commerce peut être directement exploité par le propriétaire des murs. Dans ce cas, c'est avec ce dernier que la transaction aura lieu et qu'il faudra signer un bail commercial pour disposer des locaux.

L'acquéreur du fonds de commerce reprend de façon automatique le contrat de bail existant, sans que le propriétaire des murs ne puisse s'y opposer.

Le droit au bail

Certains fonds de commerce n'ont aucune valeur de marché (biens corporels obsolètes ou clientèle, brevets et marques inexistants) hormis le contrat de bail. Dans ce cas, le locataire en place cherche habituellement à monnayer son ***droit au bail*** auprès d'un repreneur extérieur.

Une clause du bail peut prévoir l'interdiction de céder le bail seul, indépendamment du fonds, sauf si le locataire en place demande à bénéficier de ses droits à la retraite.

Celui-ci verse alors au locataire sortant une somme forfaitaire pour reprendre le contrat en cours et occuper le local. Il bénéficie de la totalité des clauses précédemment définies et notamment du droit au renouvellement. Attention cependant aux clauses prévoyant une garantie solidaire entre les locataires successifs pour le paiement des loyers.

Lors de la reprise d'un bail seul, il est également toujours possible de négocier en sus le rachat de certains éléments du magasin tels que le matériel ou les stocks.

Le bail à l'américaine

Ce type de bail commercial, qui n'a d'américain que le nom, connaît un certain développement depuis quelques années. Il s'agit d'un contrat auquel s'appliquent le statut et les principes des baux commerciaux mais qui se distingue d'un bail traditionnel par l'absence de pas-de-porte ou de droit au bail. En contrepartie de l'absence de versement d'une somme forfaitaire à l'entrée dans les lieux, le bail à l'américaine s'accompagne de loyers (et d'un dépôt de garantie) plus élevés composés, d'une part, du montant de la valeur locative des lieux et, d'autre part, de l'amortissement d'un droit d'entrée, déterminé pour une somme globale en capital et payé de manière échelonnée sur toute la durée du bail.

Si cette formule est intéressante au plan de la trésorerie (l'entreprise n'a pas de somme importante à verser au départ) et fiscal (le loyer est déductible du bénéfice), elle peut par la suite devenir pénalisante pour le locataire, les modalités de révision du loyer lors du renouvellement du bail à l'américaine n'ayant pas été clairement tranchées par les tribunaux. Par ailleurs, en cas de cession de son bail, le locataire ne peut pas récupérer un « droit au bail » auprès de son successeur.

Important à savoir...

Dans la conclusion d'un bail commercial, de préférence écrit, une attention particulière doit être portée à la rédaction de certaines clauses, notamment celles concernant :

- la description des locaux : le contrat doit inclure une description précise du magasin, des dépendances et des réserves (état de viabilité, accès, conditions d'utilisation, etc.) car, si les locaux sont pris « *en l'état* », le locataire pourra difficilement demander au bailleur d'effectuer des travaux de grosses réparations ;
- la destination des locaux : le contrat doit préciser les activités autorisées et celles interdites. La rédaction d'une clause dite *tous commerces* évite de mettre en œuvre une procédure lourde de déspécialisation plénière du bail au cas où l'activité serait amenée à évoluer, et facilite aussi sa transmission ultérieure ;

Les grosses réparations sont souvent sujet à litiges car il n'est pas toujours aisé de déterminer si les travaux constituent une réfection de gros œuvre ou un simple aménagement.

- la révision du loyer : le contrat doit spécifier les modes de révision triennale du loyer, sachant que la loi encadre la liberté du bailleur de l'augmenter au-delà d'un plafond légal. Attention, ce plafond n'existe pas pour les baux d'origine supérieurs à neuf ans ainsi que pour les baux 3/6/9 prolongés tacitement au-delà de douze ans ;
- la nature du pas-de-porte : pour éviter toute contestation, notamment d'ordre fiscal, le contrat doit préciser s'il s'agit d'une indemnité forfaitaire compensatrice, d'un supplément de loyer, voire d'une qualification mixte ;

En cas de conflit sur les loyers, une des parties peut saisir la commission départementale de conciliation ou, à défaut, le juge des loyers du tribunal de grande instance.

- l'indemnité d'éviction : à défaut de laisser fixer son montant par le juge, le contrat peut prévoir des modalités de fixation de cette indemnité ;
- le dépôt de garantie : le contrat doit définir sa nature et la date de son versement ;
- les charges : le contrat doit détailler le montant des charges, leur nature (forfaitaire ou réelle), et surtout leur répartition entre bailleur et locataire car la loi ne prévoit rien à ce sujet. Les impôts et les taxes foncières sont habituellement à la charge du bailleur.
- l'exclusivité et la non-concurrence : le contrat peut interdire au bailleur d'exercer une activité similaire, ou de louer un local du même immeuble pour une activité concurrente.

Enfin, si au cours du bail le bailleur ne respecte pas ses engagements (par exemple exécution des travaux, désencombrement du local...), il faut éviter de suspendre hâtivement le versement des loyers mais saisir au contraire le Tribunal de grande instance pour demander le bénéfice de l'exception d'inexécution qui permet, en toute légalité, de réduire ou de ne pas verser le loyer tant que le bailleur ne s'est pas exécuté.

Quelques exemples de loyer annuel au m^2 en 2009

	Emplacements confirmés n° 1	**Emplacements confirmés n° 2**	**Nouveaux quartiers en vogue**
Paris	3 500 et plus	2 000 à 3 000	1 000 à 1 500
Métropoles régionales	1 300 à 1 700	800 à 1 100	400 à 500

L'agencement et la décoration

Pour effectuer l'aménagement et la décoration de votre magasin, un plan directeur décrira :
- *les emplacements des différentes zones intérieures (entrée, lieu de paiement, rayons, bureaux et réserve) ;*
- *le sens désiré de circulation des clients ;*
- *les associations de couleurs ;*
- *la position d'éventuelles cloisons intérieures ou niveaux d'exposition ;*
- *la disposition des meubles d'exposition.*

Dans ce domaine, chacun a son idée, mais il est préférable de s'appuyer sur de vrais professionnels pour éviter les erreurs techniques et d'image ainsi que les dérives possibles des coûts de réalisation.

Là aussi quelques règles de bon sens s'imposent :

- se fixer une enveloppe budgétaire précise et essayer de s'y tenir : la somme consacrée à ces travaux ne doit pas représenter une part trop importante des ressources disponibles au risque de devoir réduire le futur budget de publicité et de communication, restreindre la gamme de produits, ou empêcher de prendre en charge le salaire d'un collaborateur ;
- opter pour des solutions évolutives et modulables : les aménagements et les décors sont très sensibles à l'évolution de la mode, et peuvent vite être dépassés et devenir obsolètes.

L'extérieur du magasin

L'apparence extérieure du magasin est fondamentale car c'est souvent le critère qui emporte la décision des passants de pousser la porte :

- le trottoir devant l'entrée doit être dégagé de tout élément gênant la circulation. Des tapis de sol ou des plantes vertes ne doivent donc être installés que si l'espace piétonnier est suffisamment large ;

- la façade doit être peinte de couleurs en adéquation avec les produits vendus et avec le « code » de l'activité. Les stores, marquises ou auvents doivent être coordonnés avec le style de la devanture ;
- la vitrine, élément d'identification et de référence, doit être le plus possible « ouverte » sur l'extérieur.

p. 182

L'intérieur du magasin

L'aménagement des murs, des plafonds et des sols est un élément déterminant pour définir une identité propre :

- les murs et les plafonds, importants pour donner un aspect vendeur, peuvent être soit bruts, soit peints ou habillés de panneaux en bois, en métal ou stratifié. Tout dépend bien entendu de l'activité exercée et de l'image recherchée ;
- les sols, particulièrement aux endroits de fort passage, se dégradent rapidement. Dans un souci fonctionnel, ils peuvent soit être laissés bruts, soit être carrelés ou dallés. Les parquets ou les moquettes, aux tonalités plus chaudes, sont plus coûteux et plus difficiles à entretenir.

Les bons architectes spécialisés dans l'aménagement de magasins doivent savoir concilier style, productivité des ventes et contraintes techniques.

Un espace aéré et bien éclairé, doté d'équipements pratiques (mobilier et petit électroménager), doit être dédié aux bureaux. Quant aux réserves, l'utilisation de la surface disponible doit être optimisée par l'installation de racks et d'étagères pour recevoir, déballer et stocker facilement les marchandises.

Les équipements, et notamment les meubles de présentation des produits, constituent également un élément important de la décoration intérieure. Mais, en ce domaine, le choix devra d'abord privilégier la fonctionnalité et la praticité. L'offre est abondante, et de nombreux équipements sont accessibles à des prix raisonnables auprès de grands distributeurs. Les exemples de prix ci-dessous correspondent à des équipements standards, communément rencontrés dans la plupart des différents types de commerces de détail (ne sont pas recensés ici les équipements spécifiques à chaque métier) :

Il est toujours possible de demander la participation financière des fournisseurs aux travaux d'installation des corners, linéaires, meubles, etc., et d'utiliser des éléments anciens pour la décoration (portes, escaliers, rampes...).

- surfaces murales de présentation des produits (en milieu de gamme) : 400/500 € le mètre au sol, 600/700 € en double face ;
- meubles d'exposition horizontaux : à partir de 400 € ;
- éléments de la chaîne du froid : vitrines réfrigérées de deux mètres au sol à 3 600 €, chambre froide de 12 m^3 à environ 8 000 € ;
- caisses enregistreuses alphanumériques et équipements connexes : de 800 à 1 200 € ;
- balances électroniques avec impression de tickets : environ 800/1 000 € ;
- équipements de prévention et de sécurité : à partir de 2 000 € ;
- matériel informatique : de 3 000 à 5 000 €.

Les achats et les stocks

Trois règles de base sont au cœur d'une gestion performante des achats et des stocks : bien choisir ses fournisseurs, acheter à la juste quantité et au bon prix, gérer et suivre l'évolution des stocks.

Identifier et choisir ses fournisseurs

Comment s'y prendre ? Un principe fondamental est de n'avoir ni trop ni pas assez de fournisseurs. S'il est dangereux d'effectuer plus d'un tiers de ses achats chez le même fournisseur, un « éparpillement » alourdit la gestion et ne crée aucun partenariat durable.

Il faut s'assurer de toujours posséder une source d'approvisionnement de rechange en cas de défaillance d'un fournisseur.

Avec tout fournisseur pressenti, il faut adopter une démarche proactive et ne pas hésiter à l'interroger sur l'évolution de son activité et sur son organisation interne :

- quel chiffre d'affaires global réalise-t-il dans la région ?
- combien a-t-il de clients dans la zone considérée ?
- quelle est sa politique commerciale (minimum de commande, délais de livraison, reprise des produits, échelle des remises, conditions de paiement, promotion des produits, publicité et communication) ?
- quels sont ses moyens affectés aux livraisons et à la facturation ?

Négocier et acheter à la juste quantité et au bon prix

Pour bien négocier il est d'abord essentiel d'être crédible, c'est-à-dire d'être perçu comme un partenaire fiable et fidèle. Respecter sa parole, honorer ses commandes et payer ses factures dans les délais créent un rapport de confiance permettant, par exemple, de bénéficier de bonnes conditions financières, de délais de paiement allongés, d'une prise en charge des frais de communication et de publicité, voire d'une aide pour financer le mobilier ou le matériel.

La négociation avec un fournisseur est un processus répétitif. Pour conserver (voire améliorer) les premières conditions obtenues, il faut régulièrement l'interroger et l'évaluer sur le maintien de la qualité de ses produits, le respect de sa politique tarifaire, la fiabilité de sa logistique et de ses livraisons, etc.

Ne pas oublier pas qu'une bonne négociation est d'abord celle qui aboutit à la satisfaction des deux parties, et qu'il n'est donc ni utile ni efficace de se montrer trop exigeant ou intransigeant.

Gérer et suivre le niveau des stocks

Un stock ne doit être ni trop faible (ce qui fait courir le risque de manquer de produits et donc de perdre des ventes) ni pléthorique (ce qui a pour conséquence d'alourdir la trésorerie et d'abaisser la rentabilité d'exploitation).

Si le chiffre d'affaires est de 500 000 € par an et le stock moyen de 125 000 € sur la même période, le taux de rotation est de 500 000/ 125 000 = 4.

La solution à ce dilemme consiste à optimiser le taux de rotation, c'est-à-dire à augmenter le nombre de fois qu'un stock est vendu au cours d'une année. Ce taux s'exprime par la formule :

Taux de rotation = Chiffre d'affaires/ Stock moyen

Accélérer le taux de rotation est un objectif prioritaire pour améliorer la gestion d'un magasin. L'allégement mécanique des charges de détention et de financement des stocks permet d'abaisser les prix de vente et de réaliser des opérations commerciales plus nombreuses.

Un stock de 60 000 €, avec une marge de 30 %, et tournant quatre fois dans l'année, générera 240 000 € de chiffre d'affaires et 72 000 € de bénéfice brut. En revanche, le même stock de 60 000 €, avec une marge de 25 %, et tournant six fois l'an, rapportera 360 000 € de chiffre d'affaires et 90 000 € de bénéfice brut.

Quelques budgets d'investissement

Le tableau ci-dessous présente des budgets d'investissement pour les activités commerciales communément rencontrées. Ces fourchettes correspondent à des magasins situés dans des emplacements de qualité, en centre urbain de taille moyenne.

	Surface moyenne de vente (en m²)	**Prix du fonds de commerce sur moyenne France entière (en euros)**	**Coût moyen agencement et équipements (en euros)**	**Montant moyen du stock de départ (en euros)**
Commerce de détail d'alimentation générale	40-80	Entre 20 et 50 % du CA annuel HT	60 000-80 000	20 000-25 000
Commerce de prêt-à-porter (hommes, femmes, enfants)	60-70	Entre 40 et 100 % du CA annuel HT	environ 50 000	30 000-45 000
Teinturerie, pressing	60-80	Entre 60 et 80 % du CA annuel HT	150 000-230 000	ns
Fleuriste traditionnel	45-80	Entre 55 et 105 % du CA annuel HT	30 000-40 000	ns
Commerce de sport et loisirs	120-200	Entre 35 et 70 % du CA annuel HT	150 000-180 000	50 000-80 000
Commerce de vin	60-100	Entre 25 et 70 % du CA annuel HT	15 000-40 000	25 000-40 000

ns : non significatif.

Source : ICF Argus.

Une première approche chiffrée de votre projet :

Détail des investissements et autres frais	Montant	Conditions de paiement
Fonds de commerce ou droit au bail	....	....
Dépôt de garantie, frais d'honoraires et d'enregistrement	....	....
Agencement extérieur	....	....
Agencement intérieur	....	....
Mobiliers d'exposition	....	....
Équipements spécifiques	....	....
Matériel informatique et d'encaissement	....	....
Stocks de départ	....	....
Divers	....	....
Total	....	....

Histoire d'Aiguilles

Mercerie Broderie
133, rue de Sèze
69006 Lyon

Catherine Touzeau a toujours travaillé dans le secteur du textile, alternant pendant plusieurs années diverses expériences dans la vente et dans les métiers de la broderie et de la retouche. Mais l'attrait du commerce de détail est fort et c'est pourquoi elle participe à la création, à Lyon, du magasin d'un leader du secteur des vêtements professionnels.

Catherine prend conseil auprès d'un de ses oncles, lui-même entrepreneur, qui l'aide à monter son dossier et à le présenter à plusieurs établissements bancaires.

Cependant, cette situation ne la satisfait pas pleinement et elle démissionne au bout d'une année quand elle apprend qu'une mercerie est à vendre au cœur de Lyon dans le quartier historique des Brotteaux. Catherine prend conseil auprès d'un de ses oncles, lui-même entrepreneur, qui l'aide à monter son dossier et à le présenter à plusieurs établissements bancaires. « *J'ai saisi cette opportunité et n'ai pas fait de véritable étude de marché, car je connaissais bien le métier et parce que cette boutique de 70 m² de surface, créée voilà plus de cinquante ans, était très connue dans le quartier* », précise-t-elle.

Tout se passe bien et, début 2008, Catherine réussit à bénéficier de l'Accre et à obtenir un prêt de 55 000 € pour financer l'acquisition du fonds de commerce et l'achat d'une machine de broderie mécanique. Elle crée une EURL au capital de 7 500 € et négocie un loyer modéré de 1 000 € par trimestre dans le cadre d'un bail 3/6/9 ans. Dans la foulée, elle participe au stage obligatoire de gestion d'entreprise de la chambre des métiers.

Sous l'enseigne *Histoire d'Aiguilles*, le magasin se définit comme un univers permettant de s'initier au tricot, à la broderie ou tout simplement de redécouvrir ces diverses activités. Les clients peuvent y trouver un large choix d'articles de passementerie, de travail de la laine, de mercerie (fils, fermetures à glissière, ruban...) et d'objets créatifs (kits points de croix, canevas, tapisserie...). Ils peuvent aussi passer commande de travaux de broderie (logos et monogrammes sur serviettes, tee-shirts, casquettes) ou de retouches (du simple ourlet à la réalisation de vêtements, coussins ou rideaux).

« Je peux passer un long moment à conseiller un prospect pour un achat de quelques euros, car c'est un gage de sérieux et de pérennité de mon magasin. »

Catherine travaille seule, avec uniquement l'aide ponctuelle de son mari pour les tâches administratives et comptables. En 2009, son magasin a réalisé un chiffre d'affaires de 110 000 € (un tiers en retouches sur laine et le reste en bonneterie, passementerie, boutons et autres accessoires) et a dégagé un résultat bénéficiaire.

Catherine espère rapidement pouvoir embaucher une personne qui viendra l'épauler pour la vente. Ce renfort lui permettra de dégager du temps pour développer l'activité de broderie, dont les perspectives de croissance s'avèrent positives grâce au site Internet *www.histoiredaiguilles.com* ouvert en avril 2009.

Aux futurs entrepreneurs, Catherine Touzeau précise que pour optimiser les chances de réussite, le soutien de la famille est le bienvenu. Au quotidien, elle conseille de penser à bien gérer la trésorerie et le fonds de roulement et de ne jamais lésiner sur la qualité du service au client. *« Je peux passer un long moment à conseiller un prospect pour un achat de quelques euros, car c'est un gage de sérieux et de pérennité de mon magasin. »*

Votre projet en quelques chiffres

5

LES DEUX PRÉCÉDENTS CHAPITRES VOUS ONT PERMIS D'ESTIMER votre chiffre d'affaires prévisionnel et d'évaluer les principaux coûts d'investissement de votre futur commerce. Vous devez maintenant rassembler toutes ces données et les compléter avec les estimations de vos charges courantes, afin de pouvoir juger de la faisabilité globale de votre projet :

- de quelle somme d'argent aurez-vous besoin pour vous lancer ? Où et comment la trouver ?
- quel chiffre d'affaires devrez-vous atteindre pour au minimum couvrir toutes vos charges ?
- aurez-vous suffisamment de trésorerie tout au long de l'année pour ne pas être subitement en défaut de paiement ?

Étudions ensemble ces différentes questions. Après y avoir répondu, vous pourrez élaborer votre *business plan* puis contacter les diverses sources de financement possibles.

Quelques notions indispensables

Même en se faisant assister et en sous-traitant par la suite la comptabilité (par exemple à un centre de gestion agréé), il est préférable de connaître la signification des principaux termes utilisés et de comprendre les mécanismes de construction d'un bon équilibre financier.

Ce dernier s'appuie sur l'articulation de trois grands outils : le plan de financement, le compte de résultat et le plan de trésorerie.

Le plan de financement

Avant de pouvoir conclure une première vente, le magasin doit disposer des moyens permanents (dénommés *besoins durables*) indispensables à son fonctionnement. Ces moyens sont habituellement classés en trois groupes :

Les investissements HT du plan de financement deviendront, selon leur nature, les immobilisations incorporelles et corporelles du bilan.

- les investissements incorporels (fonds de commerce, droit au bail, frais d'établissement et d'immatriculation, etc.) ;
- les investissements corporels (travaux d'aménagement et de décoration, mobiliers, caisses enregistreuses et matériel informatique, véhicules, etc.) ;
- le besoin en fonds de roulement, dit BFR (fonds nécessaires pour financer le décalage permanent entre les « entrées » et les « sorties » de marchandises et fournitures). Même si dans le

commerce de détail, les clients paient en général comptant et que les fournisseurs accordent des facilités de règlement, le solde net des postes de stocks, de créances clients et de dettes fournisseurs constitue un besoin permanent qui se calcule en encours moyen sur l'année.

BFR = Encours moyen de stocks HT + Encours moyen de créances clients TTC – Encours moyen de dettes fournisseurs TTC

En bonne « orthodoxie financière », il faut que tous les besoins durables soient financés par des ressources stables. C'est l'objet même du plan de financement qui, sous la forme d'un tableau à deux colonnes, permet d'assurer l'équilibre entre besoins durables (à gauche) et ressources durables (à droite).

Attention, le BFR augmente lorsque l'activité progresse. En l'exprimant en nombre de jours, il est facile d'anticiper les problèmes de trésorerie qui pourraient survenir si le chiffre d'affaires augmentait brutalement.

À la création du magasin, les ressources durables peuvent être de quatre types :

- le capital (apport personnel pour une entreprise individuelle, capital social pour une société) ;
- les primes et les subventions obtenues des pouvoirs publics ou d'organismes privés ;
- les avances remboursables distribuées dans le cadre de programmes d'aide à certaines catégories de créateurs ;
- les emprunts à moyen et long terme auprès du secteur bancaire.

L'achat d'une camionnette est un investissement, car le véhicule va rester dans l'entreprise plusieurs années. En revanche, les frais de carburant et la prime d'assurance sont des charges consommées dans l'année.

p. 95

Structure du plan de financement initial

Besoins durables (montant HT)	Ressources durables (montant HT)
Investissements incorporels :	Capital : ....
Investissements corporels :	Primes et subventions : ....
BFR :	Avances remboursables : ....
	Emprunts à terme : ....
Total :	**Total** : ....

Le compte de résultat prévisionnel

Outre la nécessité de pouvoir financer les besoins durables, il est bien sûr indispensable que l'activité soit rentable. Le compte de résultat prévisionnel a pour objectif de s'assurer de cette condition en comparant les ventes anticipées pour l'année à venir avec les estimations de charges correspondantes.

La dotation aux amortissements est une notion comptable qui prend en compte la perte de valeur annuelle de certains investissements. L'objectif est de reconstituer progressivement un capital, qui remplacera l'investissement totalement amorti.

Ces charges prévisionnelles se répartissent en deux grands ensembles :

- les **charges d'exploitation**, principalement les achats de marchandises, de fournitures et de services extérieurs, les frais de personnel, la taxe professionnelle et les autres impôts (hors IS, impôt sur les sociétés), ainsi que les dotations aux amortissements ;
- les **charges financières**, essentiellement les intérêts des emprunts et les agios sur découvert bancaire.

Structure du compte de résultat prévisionnel

Chiffre d'affaires HT	**Fin exercice *N***
Charges d'exploitation HT Achats de marchandises Achats de fournitures (emballages et conditionnements, petits équipements, fournitures administratives, etc.) Charges extérieures (loyer et charges, énergie, eau, téléphone, assurances, crédit-bail, entretien, etc.) Services extérieurs (honoraires, publicité, frais de transports sur achats et sur ventes, etc.) Frais de personnel (salaires et charges sociales) Taxe professionnelle et autres impôts Dotation aux amortissements	
Charges financières HT Intérêts d'emprunt Agios sur découvert	
Résultat avant IS Impôt sur les bénéfices	
Résultat net	

La différence entre le chiffre d'affaires HT et l'ensemble des charges HT représente le résultat net de l'exercice : c'est un *bénéfice* s'il est positif, une *perte* dans le cas contraire. Par ailleurs, le compte de résultat permet également de dégager deux soldes intermédiaires de gestion qui, comparés aux ratios de l'activité, fournissent des informations utiles à toute bonne gestion commerciale :

- la **marge brute**, égale au chiffre d'affaires diminué du coût d'achat des marchandises vendues ;
- la **valeur ajoutée**, égale à la marge brute diminuée des achats de fournitures, des charges extérieures et des services extérieurs.

Le seuil de rentabilité ou point mort

Lors de la construction du compte de résultat prévisionnel, il est aussi nécessaire de discerner les charges fixes (dépenses de l'exercice indépendantes des ventes réalisées) et les charges variables (dépenses de l'exercice qui varient plus ou moins proportionnellement avec le niveau des ventes) :

- les **charges variables** comprennent principalement les coûts d'achat des marchandises et des fournitures vendues (emballage et conditionnement), les frais de personnel intérimaire, les frais de transport sur les achats et sur les ventes ;
- les **charges fixes** incluent essentiellement les loyers, les salaires et les charges sociales du personnel permanent, les frais d'électricité, de téléphone et d'eau, les petites fournitures administratives, les frais de communication et de publicité, les primes d'assurance et les impôts locaux, les honoraires divers (comptable, avocat, etc.), les intérêts d'emprunt, etc.

Après l'ouverture du magasin et durant la période de montée en régime, le point mort peut être aisément converti en chiffre d'affaires minimum à atteindre chaque semaine ou chaque jour.

Ce classement des charges selon leur nature variable et fixe, permet d'identifier le niveau de chiffre d'affaires, appelé *point mort*, à partir duquel le magasin ne gagnera ni ne perdra d'argent. Il se calcule par étapes :

marge sur coûts variables =
chiffre d'affaires – charges variables

taux de marge =
(marge sur coût variable × 100)/chiffre d'affaires

point mort = charges fixes/taux de marge

Dès que les ventes dépasseront le point mort, le magasin commencera à dégager des bénéfices.

Illustration du mode de calcul du point mort

Hypothèses	Calcul
Chiffre d'affaires prévisionnel : 150 000 € Charges variables prévisionnelles : 70 000 € Charges fixes prévisionnelles : 45 000 € Bénéfice prévisionnel : 35 000 €	**Marge sur coûts variables** = 150 000 – 70 000 = 80 000 € **Taux de marge =** (80 000 × 100)/ 150 000 = 53,33 % **Point mort =** 45 000/(53,33/100) = 84 375 €

Le plan de trésorerie mensuel

À tout moment au cours de l'année, et même si l'activité dégage un bénéfice comptable en fin d'exercice, les sorties de liquidités peuvent ne pas être compensées par des entrées au moins équivalentes. Le risque est dans cette hypothèse d'être en défaut de paiement et dans l'obligation de faire appel en catastrophe à des découverts bancaires importants et toujours onéreux.

Pour éviter de se trouver dans cette impasse, il est indispensable de construire un plan de trésorerie mensuel dans lequel seront positionnés tous les encaissements et les décaissements liés aux opérations identifiées dans le compte de résultat prévisionnel et dans le plan de financement initial.

Structure d'un plan de trésorerie mensuel

	Janv.	Fév.	Mars	Etc.
(1) Solde en début de mois				
Encaissements d'exploitation Ventes encaissées TTC TVA à récupérer **Encaissements hors exploitation** Apport en capital Subventions, avances Emprunts à moyen et long terme MLT				
(2) Total encaissements				
Décaissements d'exploitation Paiement TTC des marchandises et des matières premières Paiement TTC des fournitures et des autres charges Paiement des salaires et des charges de personnel TVA à reverser Paiement des impôts et des taxes Paiement des intérêts sur emprunts et des agios **Décaissements hors exploitation** Remboursements d'emprunts Investissements TTC				
(3) Total décaissements				
(4) Solde en fin de mois = (1) + (2) – (3)				

Une dotation aux amortissements ne fait pas partie du plan de trésorerie, car ce n'est pas une sortie de liquidités.

La construction d'un plan de trésorerie mensuel s'effectue en deux temps :

- inscription des opérations correspondant à des mouvements de liquidités. Leurs montants devront être inscrits en TTC dans la colonne du mois précis où ont lieu les entrées ou sorties réelles. Il est important de ne pas oublier l'incidence de la TVA (bien distinguer la TVA à récupérer de celle à reverser), et la date de paiement effectif de cette taxe ;

- rapprochement des encaissements et des décaissements mensuels, et choix des solutions de financement pour assurer la couverture des écarts éventuels (en général par une autorisation de découvert bancaire dont les intérêts devront être portés au compte de résultat prévisionnel).

Attention, un découvert bancaire discuté dans le calme en s'appuyant sur un plan de trésorerie se négocie aisément. En revanche, une demande subite est mal vue des banquiers qui, pressentant des difficultés non prévues, auront tendance à la refuser ou à la faire payer très cher.

Les moyens de financement

Pour financer les besoins durables de l'entreprise, plusieurs solutions peuvent être retenues : apport en capital, obtention de primes et subventions, sollicitation d'avances remboursables, recours à l'endettement bancaire à moyen et long terme. La combinaison de ces solutions variera en fonction des caractéristiques de chaque projet.

Le capital

Le capital se compose des apports personnels du créateur et, en cas de structure juridique sous forme sociétale, de ceux de ses associés éventuels. Il représente la prise de risque indispensable pour inspirer confiance aux tiers et permet notamment de financer les besoins durables non couverts par les emprunts bancaires.

Les besoins habituellement non couverts par les banques sont :
- *les frais d'établissement ;*
- *les investissements incorporels autres que le fonds de commerce ;*
- *environ 30 % du montant des investissements corporels ;*
- *et généralement le BFR.*

Les apports en nature doivent être évalués par un commissaire aux apports, professionnel indépendant nommé par les associés, s'ils sont supérieurs à 7 500 € et à la moitié du capital social.

Les apports personnels du créateur

Les apports personnels du créateur peuvent provenir de son épargne disponible (liquide ou placements facilement mobilisables), mais aussi de plans d'épargne préalablement ouverts :

- le **livret épargne entreprise** (LEE) souscrit dans une banque donne la possibilité de solliciter, deux ans après son ouverture, un prêt pour créer une entreprise. Le montant et la durée de ce prêt sont fixés de telle sorte que le total des intérêts à payer soit égal au total des intérêts acquis durant la phase d'épargne, multiplié par 1,6. En 2009, le taux de ce prêt atteignait 4,75 % (taux variable) ou 5 % (taux fixe), hors assurance décès-incapacité. La loi sur l'initiative économique autorise à retirer les fonds déposés avant que les deux premières années se soient écoulées - sans perdre l'exonération d'impôt sur les intérêts acquis - s'ils sont utilisés dans les six mois pour financer un projet de création ou de reprise d'entreprise par le titulaire du LEE, son conjoint, un descendant ou un ascendant ;
- le **plan d'épargne en actions** (PEA) permet d'investir une partie de son épargne dans des titres d'entreprises cotées ou non. La loi sur l'initiative économique exonère de l'impôt sur le revenu (mais pas de prélèvements sociaux) le retrait ou le rachat de sommes ou valeurs d'un PEA avant cinq ans, si les sommes sont affectées dans un délai de trois mois au financement de la création ou de la reprise d'une entreprise par le titulaire du plan, son conjoint, un descendant ou un ascendant ;

- le **plan d'épargne logement** (PEL) peut être utilisé pour financer un local à usage commercial dès lors que celui-ci comporte l'habitation principale du bénéficiaire (loi pour l'initiative économique).

Si son épargne disponible ou en provenance de ses plans reste insuffisante, le créateur peut essayer de la compléter par des prêts ou des dons personnels qui lui seront faits par des proches :

- le **prêt entre particuliers** est autorisé dans la mesure où il est formalisé par écrit et enregistré auprès du centre des impôts avant le 15 février de l'année suivant sa conclusion ;
- les **donations** de sommes d'argent entre personnes d'une même famille bénéficient, au même titre que les successions, de certains abattements fiscaux et d'exonération de droits de mutation (si le donataire a moins de 65 ans ou si la somme est affectée uniquement au financement d'un projet de création d'entreprise).

En l'absence d'enregistrement, l'administration fiscale risque de requalifier le prêt comme un revenu taxable à l'IRPP.

Des prêts personnels peuvent également lui être accordés par un certain nombre d'organismes dédiés au financement de la création d'entreprise. Ces prêts, appelés **prêts d'honneur** ou **prêts solidaires**, sont généralement accordés à taux réduits, voire nuls, pour une durée de deux à cinq ans. De montants oscillant entre 3 000 et 15 000 €, ils peuvent être obtenus auprès de :

Un prêt d'honneur est un prêt sans demande de garanties personnelles ou réelles à l'emprunteur. Un prêt solidaire est un crédit très favorable, assorti d'une logistique de soutien (les critères d'accès aux principaux financeurs de ce prêt sont disponibles auprès de l'association Finansol).

- France Initiative (qui fédère plus de 240 plates-formes d'initiative locale) ;

- Adie (Association pour le droit à l'initiative économique) pour les exclus des circuits financiers classiques (chômeurs de longue durée, allocataires du RSA, etc.) ;
- Réseau Entreprendre, association de chefs d'entreprise ;
- France Active, pour les porteurs de projets modestes connaissant des difficultés personnelles (allocataires du RSA, chômeurs en fin de droits, etc.) ;
- Nef (société financière) si la création concerne l'éducation, l'art, la culture, la réinsertion, l'agriculture biologique, la santé ou l'aide aux handicapés ;
- Paris Initiatives Entreprises, pour les créateurs ou repreneurs d'une TPE (très petite entreprise) ;
- Racines (Réseau d'accompagnement des créations et initiatives avec une nouvelle épargne de solidarité), qui propose l'intervention du Clefe (Club d'épargne solidaire pour les femmes qui entreprennent) sous forme de prêts exclusivement destinés aux créatrices.

Le créateur peut aussi s'adresser aux banques ayant passé des accords avec un certain nombre de structures actives dans la création d'entreprise (clubs de créateurs d'entreprise, boutiques de gestion, organismes de développement économique local, etc.) afin d'obtenir un prêt personnel à conditions minorées. Pareillement, dans le cadre du dispositif Nacre, le demandeur d'emploi désirant créer son entreprise (sous forme individuelle ou sociétale) peut bénéficier d'un prêt personnel à taux zéro et sans garantie d'un montant de 1 000 à 10 000 euros.

Enfin, le créateur peut, dans certains cas, bénéficier de primes et subventions qui lui seront versées à titre personnel pour compléter ses apports :

- le dispositif Défi Jeunes, dépendant des directions régionales de la Jeunesse et des Sports, distribue des aides financières à des porteurs de projets âgés de 15 à 28 ans (jusqu'à 8 500 euros par projet) ;
- l'AGEFIPH (Association de gestion du fonds pour l'insertion professionnelle des personnes handicapées) accorde des financements pouvant aller jusqu'à 12 000 euros aux personnes handicapées bénéficiaires de la loi du 10 juillet 1987 ;
- les caisses d'allocations familiales ou Pôle emploi distribuent une prime exceptionnelle de retour à l'emploi d'un montant de 1 000 euros aux personnes au chômage et allocataires de l'ASS ;
- les Pôles emploi versent sous forme de capital la moitié du reliquat de leurs allocations chômage aux demandeurs d'emploi indemnisés créant ou reprenant une entreprise ;
- les lauréats de concours organisés par certains organismes, fondations privées ou associations (la plupart sont répertoriés sur le site *www.apce.com*) peuvent bénéficier de bourses de création.

Les apports d'associés

En cas de création d'une entreprise sous forme sociétale (par exemple une SARL), le créateur peut en ouvrir le capital social à des parents et amis, et les faire ainsi bénéficier

La création d'une SARL permet aux porteurs de parts de bénéficier, à titre personnel, d'une réduction d'impôt sur le revenu (IRPP) égale à 25 % des sommes souscrites. Les versements sont plafonnés à 50 000 € pour une personne seule et à 100 000 € pour un couple marié.

De même, les détenteurs de parts de sociétés non cotées peuvent réduire leur impôt de solidarité sur la fortune (ISF) d'une somme égale à 75 % des versements effectués dans la limite annuelle de 50 000 €. Les avantages IRPP et ISF ne sont pas cumulables pour un même versement.

d'une réduction conséquente d'impôts sur le revenu ou sur la fortune.

De même, le créateur peut chercher à s'associer à des investisseurs extérieurs, notamment aux membres de **clubs d'investisseurs** (par exemple Cigales, Garrigue ou Love Money) ou à des **business angels** proposant leurs participations dans les bulletins d'affaires édités par les CCI ou les chambres des métiers.

Enfin, s'il est théoriquement possible de lever des fonds par le biais de **sociétés de capital-risque** (*cf.* Association française des investisseurs en capital), il faut savoir que la sélection des projets est extrêmement rigoureuse et qu'au final, peu sont retenus.

Les primes et subventions à l'entreprise

Les primes et subventions aux entreprises sont essentiellement distribuées par l'État et les collectivités locales (région, département, commune). Mais elles concernent rarement la phase de création :

- les **primes locales** accordées par les collectivités sont répertoriées par les services d'action économique des conseils régionaux ;
- les **primes et subventions nationales** comprennent principalement (hormis l'aide d'Oséo limitée aux projets innovants) celles versées par le FISAC (Fonds d'intervention pour les services, l'artisanat et le commerce géré par les CCI et les CMA). Ses subventions s'adressent aux entreprises de ces secteurs d'activité situées dans des communes de moins de 3 000 habitants et dont le chiffre d'affaires annuel n'excède pas 1 million d'euros. Elles peuvent couvrir des dépenses d'investissement, par exemple

l'acquisition de matériels ou d'équipements professionnels, neufs ou d'occasion. Leurs montants ne peuvent excéder 30 % de ces dépenses, dans la limite de 75 000 euros.

Attention, les primes et les subventions sont généralement versées plusieurs mois après le dépôt de la demande. Pour financer les besoins durables de l'entreprise, il faudra donc pouvoir bénéficier d'un crédit relais ou pouvoir caler les investissements sur la date probable de réception des fonds.

Les avances remboursables versées à l'entreprise

Les avances remboursables sont généralement proposées par des dispositifs régionaux ou départementaux, qui sont très variés.

Au niveau national, il n'existe pas d'avance remboursable versée aux entreprises. Mais le dispositif Nacre, mis en place par les pouvoirs publics, et bien qu'il s'adresse aux créateurs personnes physiques et non pas à une entreprise, en constitue l'équivalent économique.

Pour les avances remboursables, proposées par les dispositifs régionaux ou départementaux, se renseigner localement auprès des services d'action économique.

Les emprunts bancaires à moyen ou long terme

Les prêts bancaires et le PCE

Les prêts bancaires aux entreprises, conclus pour financer les besoins durables, peuvent être négociés à moyen terme (de 2 à 7 ans) ou à long terme (de 7 à 15 ans). Les premiers financent essentiellement les acquisitions mobilières alors que les seconds sont principalement accordés pour financer les acquisitions immobilières (murs de boutique, terrain, etc.). Sans qu'il y ait de règle absolue, les banques n'apportent habituellement leur concours qu'à hauteur de 70 % de ces investissements corporels et limitent dans certains cas leur engagement au montant du capital apporté par le créateur et ses associés.

Il n'est donc pas toujours aisé d'obtenir un prêt bancaire du montant désiré et c'est pourquoi les pouvoirs publics ont mis en place un **prêt à la création d'entreprise (PCE)** dans le but d'aider les entreprises en création.

Ce prêt, compris entre 2 000 et 7 000 €, n'a cependant pour objet que de financer la trésorerie de départ ou un investissement immatériel (par exemple, reprise d'un fonds de commerce, achat de logiciels, publicité...) n'excédant pas 45 000 euros. Il est octroyé sans garantie ni caution personnelle mais doit obligatoirement accompagner un concours bancaire à plus de deux ans (financement de matériel, de véhicule, etc.) dont le montant doit être au moins égal à deux fois le sien.

Pour tout renseignement sur les modalités d'octroi du PCE, contacter le groupe Oséo.

Les dispositifs de cautionnement et de garantie d'emprunts

Lorsqu'elles octroient des prêts, les banques souhaitent se protéger contre la possibilité de défaillance de l'entreprise emprunteuse. Elles cherchent donc à garantir leurs créances d'abord sur les biens financés (hypothèque, nantissement, gage), ensuite par la demande de cautions personnelles au créateur. Mais en accordant sa caution personnelle, le chef d'entreprise prend le risque de perdre ses biens en cas de défaut de remboursement.

Pour pallier cette difficulté et faciliter l'accès à l'emprunt bancaire, des fonds de garantie et des sociétés de caution mutuelle proposent d'apporter leur concours au créateur d'entreprise en prenant à leur compte la charge partielle du risque.

Certains de ces organismes sont généralistes :

- Oséo intervient à hauteur de 70 % du risque (à l'exception de certaines activités) ;
- les Socama (réseau Banques Populaires) réservent leurs interventions aux artisans et commerçants et - pour certaines d'entre elles - aux professions libérales, alors que la Siagi (Société interprofessionnelle artisanale de garantie d'investissements créée par les chambres de métiers) apporte son soutien aux entreprises artisanales ou de proximité. Ces organismes donnent généralement leur garantie à hauteur minimale de 50 % du risque. Les emprunteurs paient une commission de risque, versent souvent une contribution restituable de l'ordre de 1 à 4 % du crédit au titre de la mutualisation et doivent, le cas échéant, souscrire au capital de l'organisme pour 0,50 ou 1 % du concours garanti.

D'autres organismes privilégient au contraire l'action spécialisée :

- Oséo région (filiale d'Oséo et de la Caisse des dépôts et consignations) a ainsi passé des accords avec certains conseils régionaux ou généraux pour mettre en place un régime de garantie généralement plus favorable aux créateurs d'entreprise que les fonds de garantie habituels ;
- le Fonds de garantie à l'initiative des femmes (FGIF) apporte sa garantie aux créatrices, à hauteur de 70 % du prêt et pour un montant garanti ne pouvant excéder 27 000 € ;
- France Active s'adresse aux créateurs de projets modestes dont la situation personnelle est difficile (*cf. supra*). Elle garantit les

prêts bancaires à hauteur de 65 % de leur montant dans une limite de 30 500 € ;

- le Fonds solidaire pour les initiatives (Secours catholique) apporte sa garantie à hauteur de 80 % du prêt bancaire dans une limite de 6 100 € ;
- par ailleurs, certaines professions se sont organisées pour cautionner mutuellement leurs emprunts bancaires (*cf.* les syndicats professionnels).

Le crédit-bail

Le crédit-bail constitue une alternative de financement intéressante, bien que plus chère, au crédit bancaire classique.

Généralement limité à des matériels standards, et plus cher qu'un crédit à moyen terme bancaire, le crédit-bail autorise cependant un financement à 100 % et une déduction fiscale des loyers.

Juridiquement, il ne s'agit pas d'un prêt mais d'une location dans laquelle le bien mobilier ou immobilier reste la propriété de la société de crédit-bail et est mis à disposition de l'entreprise contre le versement d'un loyer périodique avec possibilité d'achat *in fine*. Une opération de ce type n'est donc jamais inscrite au plan de financement : n'apparaissent dans ce document ni la valeur du bien en *Besoins*, ni la somme des loyers en *Ressources*.

Votre *business plan*

Un business plan, *pour quoi faire ?*

La rédaction d'un *business plan* (dit aussi plan d'affaires) est l'opération finale au cours de laquelle seront synthétisés les points forts du projet et sera bouclé le financement définitif. Ce document constitue donc tout à la fois un outil de validation des hypothèses ainsi qu'un support de communication à destination des financeurs potentiels.

Concrètement, un *business plan* comporte vingt à trente pages. Même s'il n'existe pas de modèle imposé, ce document prévisionnel doit comprendre des informations à la fois qualitatives et quantitatives :

- l'historique du projet et le profil de son créateur ;
- les lignes de produits et de services commercialisés ;
- le marché local, les principaux concurrents, le type de clientèle visé et son volume ;
- le local, son agencement et les moyens matériels et humains mis en œuvre ;
- le marketing (communication, promotion) et les objectifs de vente ;
- les documents financiers prévisionnels ;
- en annexe : le *curriculum vitae* du créateur, des articles de presse sur le secteur, des références d'études de marché, etc.

Pour espérer convaincre un banquier, il faudra :
- disposer d'un bon dossier (complet, précis, clair et vendeur) ;
- être crédible en maîtrisant toutes les notions du projet, en particulier les concepts essentiels de la partie financière (savoir ce qu'est un BFR, un compte de résultat, un plan de financement, un plan de trésorerie, etc.), et en s'étant entraîné à sa présentation orale ;
- avoir bien préparé la négociation.

Pour convaincre, il est indispensable de donner la plus grande visibilité possible sur la viabilité du projet. C'est pourquoi il est recommandé de présenter les documents financiers prévisionnels sur une période triennale.

La construction des documents financiers à trois ans

De tous les documents et tableaux prévisionnels, deux sont essentiels pour projeter le magasin à trois ans et s'assurer que l'équilibre financier de départ évoluera favorablement dans le temps : le compte de résultat et le plan de financement.

Le compte de résultat à trois ans

Il sera établi selon le modèle décrit précédemment en projetant le chiffre d'affaires prévisionnel et les charges correspondantes sur trois exercices. En l'absence de données historiques, les charges d'exploitation du magasin pourront être estimées à l'aide des documents financiers et des ratios fournis par les associations et syndicats de commerçants.

Pour obtenir des informations sur les charges d'exploitation d'un magasin, cf. aussi les fiches métiers disponibles sur le site de l'APCE.

Le compte de résultat à trois ans devra en outre faire apparaître la capacité du magasin à assurer, au terme de chaque exercice, une partie de son futur financement. Cette capacité, dite ***capacité d'autofinancement*** **(CAF)**, est égale à la somme du bénéfice après impôt et de la dotation aux amortissements de l'exercice.

Calcul de la capacité d'autofinancement

	Fin *N*	Fin *N* + 1	Fin *N* + 2
Bénéfice après impôt (1)			
Dotations aux amortissements (2)			
CAF = (1) + (2)			

Le plan de financement à trois ans

Alors que le plan initial équilibre les besoins et les ressources à l'ouverture du premier exercice, le plan de financement à trois ans renseigne sur l'équilibre prévu à la fin des exercices ultérieurs.

Attention, pour le premier exercice, le total des ressources devra être supérieur aux besoins pour un montant de l'ordre de 15 % à 20 % de la CAF. Cet excédent devra s'accentuer au cours des exercices suivants.

Pour le premier exercice *N*, il suffit de reprendre le contenu du plan initial et d'y incorporer les éléments qui interviendront au cours de cet exercice, notamment la CAF pour les ressources et les éventuels remboursements d'emprunt ainsi que les prélèvements (rémunération si entreprise individuelle, dividendes versés si statut en société) pour les besoins.

Structure du plan de financement à 3 ans

Besoins durables	**Fin *N***	**Fin *N* + 1**	**Fin *N* + 2**
Investissements incorporels			
Investissements corporels			
BFR		X	X
Variation de BFR	X		
Remboursement d'emprunts			
Prélèvements			
Excédent			
Total			

Ressources durables	**Fin *N***	**Fin *N* + 1**	**Fin *N* + 2**
Capital			
Primes et subventions			
Capacité d'autofinancement			
Avances remboursables			
Emprunts à terme			
Total			

Pour les deux exercices suivants $N + 1$ et $N + 2$, il ne faudra prendre en compte que les éléments nouveaux prévus au cours de chacune de ces deux périodes :

- pour les ressources, la CAF et les augmentations éventuelles des autres ressources durables (nouvel apport personnel, nouvelle prime, etc.) ;
- pour les besoins, les nouveaux investissements matériels, la variation anticipée de BFR, le remboursement annuel des emprunts et les prélèvements prévus.

L'équilibrage global

Attention, les banques encadrent l'octroi d'un crédit d'investissement de règles relativement strictes :

- *le total de l'endettement à terme ne peut être supérieur au capital apporté ;*
- *les investissements incorporels (hormis le fonds de commerce) et le BFR ne sont pas inclus dans le montant du crédit ;*
- *seuls 70 % environ des investissements matériels peuvent être financés ;*
- *l'endettement à terme ne doit pas être supérieur aux trois premières CAF ;*
- *le remboursement annuel de l'emprunt principal ne doit pas être supérieur à la moitié de la CAF de l'exercice.*

La recherche d'un équilibre global est une démarche dynamique en cinq étapes. Une fois une première ébauche réalisée, il faut procéder à la revue de l'ensemble des documents pour assurer les ajustements éventuels.

1re étape : équilibrage du plan de financement initial

À ce stade, les apports personnels et ceux des associés sont connus. Si la somme de ces fonds (éventuellement majorée des primes, subventions et avances remboursables) reste inférieure au total des besoins, il va falloir combler cet écart par un financement externe, généralement sous la forme d'un emprunt bancaire à moyen ou long terme.

2e étape : ajustement du compte de résultat du premier exercice

Ces deux dernières conditions ne pourront bien sûr être vérifiées qu'une fois le compte de résultat à trois ans définitivement établi.

Un emprunt extérieur est une source de financement durable, mais il génère aussi un coût annuel. Il faut donc reporter, dans la première version du compte de résultat, la charge financière annuelle de l'emprunt envisagé puis recalculer le résultat induit et la capacité d'autofinancement.

3e étape : ajustement du plan de trésorerie à douze mois

Le plan de trésorerie du premier exercice doit ensuite être ajusté pour inclure le remboursement de l'annuité de l'emprunt envisagé. Si des décalages momentanés apparaissent, ils pourront être comblés par appel à des crédits bancaires de fonctionnement (escompte, loi Dailly, découverts bancaires…) dont les agios devront être reportés au compte de résultat du premier exercice.

4e étape : construction des comptes de résultat des deuxième et troisième exercices

Ces comptes devront également être ajustés pour inclure les charges financières induites par la charge financière de l'emprunt envisagé et pour recalculer les CAF résultantes. Il faudra là aussi tenir compte des hypothèses d'augmentation d'investissements (impact sur les dotations aux amortissements) et d'emprunts bancaires complémentaires (impact sur les charges financières) inclus dans le plan de financement à trois ans.

5e étape : finalisation du plan de financement à trois ans

Tous les éléments pour finaliser le plan de financement à trois ans sont désormais disponibles. Si le plan ne s'équilibre pas ou ne dégage pas un excédent suffisant, il faut alors conduire une réflexion de fond :

L'équilibrage se fait d'abord par un apport personnel majoré des primes et subventions. Si cette somme reste inférieure aux besoins, il faudra combler la différence par un financement externe. Attention à ne pas céder à la facilité de rogner arbitrairement le montant du BFR.

- modifier la structure du magasin en faisant des économies sur les besoins d'investissement (par exemple, agencement et décoration…) ;
- rechercher des financements supplémentaires hors du système bancaire (augmentation des apports personnels, recherche de nouveaux associés, etc.) ;
- redéfinir les opérations commerciales pour augmenter le résultat et l'autofinancement.

C'est à ce stade qu'il est aussi nécessaire d'analyser les conditions de dépassement du point mort, sachant qu'il devrait être atteint au mieux dès la première année :

- les charges fixes sont-elles toutes indispensables ? Ne sont-elles pas trop élevées (loyer du local, charges d'emprunt, rémunération en cas d'entrepreneur salarié, etc.) ?
- les prix sont-ils correctement fixés ? Comment le marché réagirait-il à une augmentation ou à une baisse des prix (se rappeler l'enquête quantitative sur la demande locale) ?
- les jours et les horaires d'ouverture sont-ils bien adaptés ?
- les charges variables ne sont-elles pas trop élevées ?

- est-il possible d'offrir des prestations supplémentaires ?
- etc.

Toute modification de l'une de ces données nécessitera bien sûr de réaliser un second cycle d'ajustements, avec peut-être la recherche de nouvelles solutions de financement.

Vérifiez votre structure de financement :

Quel est le montant de vos besoins financiers pour boucler votre plan de financement initial ?

Votre projet est-il viable (compte de résultat prévisionnel sur trois ans) ?

Risquez-vous une cessation de paiements au cours de vos premiers mois d'activité en raison d'un décalage entre les dates d'entrée de vos recettes et celles de vos paiements (plan de trésorerie) ?

Quel est le niveau minimal de ventes pour équilibrer toutes les charges fixes de votre première année d'exercice (point mort) ?

- -

- -

- -

- -

- -

Aurez-vous besoin de nouvelles ressources financières stables au cours du deuxième et du troisième exercices ?

- -

- -

- -

- -

- -

Le Comptoir de l'Homme

Commerce de
prêt-à-porter masculin
15, rue Toupot de Béveaux
52000 Chaumont

Comment rebondir après avoir perdu son emploi ? C'est cette question que se pose Patrick Breuillet lorsqu'il se retrouve au chômage en mai 2003. À plus de cinquante ans, Patrick a un passé de responsable de magasin spécialisé dans la vente d'accessoires de robinetterie et de salles de bains. Il aime le commerce, mais entrevoit peu de débouchés dans la robinetterie.

Il décide alors de se lancer dans le prêt-à-porter masculin, une analyse du marché de la Haute-Marne montrant qu'il existe une demande locale mal satisfaite en vêtements de *sportswear* de qualité, moyen et haut de gamme.

« Avec l'appui de la chambre de commerce et de mon comptable, j'ai établi un prévisionnel d'activité. »

L'opportunité se concrétise avec l'offre de cession d'un droit au bail localisé en zone piétonne dans le quartier le plus commerçant de Chaumont, préfecture du département. Le local, un ancien *fast-food* oriental, est en très mauvais état, et Patrick réussit à négocier une option de rachat du bail pour 10 000 €. C'est une bonne affaire, mais tout reste à faire pour créer le magasin.

Avec l'appui de la chambre de commerce et de son comptable, Patrick commence par établir un prévisionnel d'activité à partir des données de l'analyse du marché local et de celles recueillies auprès de commerçants de la région spécialisés dans le prêt-à-porter. Il a besoin d'environ 90 000 € pour s'installer :

- 10 000 € pour le droit au bail ;
- 22 000 € pour la réfection et l'agencement du local (12 000 € pour l'agencement, 7 000 € pour le mobilier et 3 000 € pour la décoration) ;
- environ 50 000 € pour constituer le stock de marchandises de départ.

Patrick décide d'autofinancer 40 000 € et demande le complément aux établissements financiers de la place. Il obtient concomitamment quelques aides pour la création d'entreprise, notamment une aide de 8 000 € du conseil régional *via* le dispositif Envol, et réussit à bénéficier de l'Accre.

Trouver un financement bancaire s'avère néanmoins une tâche difficile ! De nombreux établissements refusent de lui faire confiance et ce n'est qu'en mettant en avant la qualité de l'emplacement choisi que Patrick arrive à convaincre un banquier de lui prêter 45 000 € à des conditions financières favorables (remboursement mensuel d'environ 850 € sur cinq ans).

Trouver un financement bancaire s'avère néanmoins une tâche difficile !

Patrick choisit de s'enregistrer en entrepreneur individuel et ouvre les portes de son magasin en octobre 2003. Pour informer le marché, il publie, durant les trois premières semaines qui suivent l'ouverture, des insertions dans la presse locale. Son magasin de 60 m^2 environ est clair et dispose d'une large vitrine qui incite les passants à entrer. Le mobilier est en bois de qualité et des présentoirs, fonctionnels et modulables, mettent les produits à portée de main des clients.

Le Comptoir de l'Homme propose des marques de *sportswear* connues, comme Camel Active, Gentleman Farmer, ou Mise au Green, mais offre aussi des costumes de facture plus traditionnelle.

La première année a été une période d'apprentissage de l'activité et de découverte du marché local. Si le chiffre d'affaires a été inférieur au prévisionnel de 115 000 €, il a cependant permis de valider l'existence d'une clientèle.

La deuxième année a été nettement plus favorable. Le chiffre d'affaires a atteint 140 000 €, dépassant l'objectif fixé à 126 000 € et même les 139 000 € espérés pour la troisième année d'activité.

Confortée par une offre plus large due à l'agrément de nouveaux fournisseurs, la progression du chiffre d'affaires a été régulière ces dernières années. Il a atteint 190 000 € en 2009 et devrait dépasser 200 000 € en 2010.

À ceux qui veulent se lancer dans le commerce de détail, Patrick Breuillet insiste sur *« la nécessité d'être tenace et persévérant et de ne pas trop écouter les oiseaux de mauvais augure* – *et ils sont nombreux !* – *qui condamnent d'avance toute initiative »*.

6 Les aspects juridiques, sociaux et fiscaux

VOTRE PROJET EST MAINTENANT PRÉCIS et il est temps de lui donner un cadre légal adapté à vos objectifs professionnels. Choisir une structure juridique est un acte majeur qui aura des conséquences importantes, notamment sur votre futur statut fiscal et social, et qui nécessite donc de procéder avec ordre et réflexion.

Si vous envisagez d'entreprendre tout en gardant votre emploi actuel ou étant à la retraite, il faut en outre que vous analysiez bien les incidences de cette solution avant de vous engager plus avant.

Choisir une structure juridique

Les principes de base

Dans le choix d'une structure juridique, il n'existe pas de solution miracle. Deux grandes options sont possibles, l'entreprise individuelle d'une part, et les sociétés d'autre part.

- L'**entreprise individuelle** (dite aussi entreprise en nom propre ou en nom personnel) est une structure juridique sans personnalité autonome dans laquelle les patrimoines personnel et professionnel de l'entrepreneur restent confondus. Choisie par 74 % des créateurs d'entreprises en 2009, elle permet un fonctionnement opérationnel très simple et l'entrepreneur individuel dispose d'une grande liberté d'utilisation et d'affectation de ses bénéfices. Mais, en contrepartie, il reste indéfiniment et globalement responsable des dettes de son activité sur la totalité de ses biens propres, et sur ceux acquis avec son conjoint si leur régime matrimonial est celui de la communauté réduite aux acquêts. En cas de dépôt de bilan, tous ces biens peuvent donc être saisis et vendus pour désintéresser les créanciers. L'entrepreneur individuel reste également responsable au pénal pour inobservation de la réglementation en vigueur et malversations à l'égard des tiers.

L'entrepreneur individuel peut depuis 2008 protéger ses biens fonciers, bâtis ou non bâtis non affectés à son usage professionnel, des poursuites de ses créanciers professionnels en effectuant une déclaration d'insaisissabilité devant notaire. Un projet de loi relatif à l'entrepreneur individuel à responsabilité limitée, en cours de discussion à mi-2010, vise à automatiser cette protection.

p. 146

- Les **sociétés** (notamment *l'EURL, la SARL et la SAS* bien adaptées au contexte du commerce de détail) sont des structures juridiques dotées de la personnalité morale. Choisies par plus de 47 % des créateurs d'entreprises en 2008, elles imposent des modes de fonctionnement plus lourds et plus formels que l'entreprise individuelle mais offrent une plus grande sécurité patrimoniale puisqu'elles permettent de séparer les biens personnels et professionnels du créateur. Cette protection reste malgré tout bien souvent théorique car, si en tant qu'associé ou actionnaire la responsabilité financière du créateur est limitée au montant de ses apports au capital, ses partenaires financiers demandent souvent son engagement personnel sous forme de caution.

De plus, en tant que dirigeant, sa responsabilité peut être étendue au civil à ses biens personnels en cas de fautes de gestion (par exemple commandes trop importantes par rapport aux finances de la société, dissimulation de la mauvaise situation de la société, inobservation des prescriptions relatives à la présentation des comptes sociaux...) et/ou au pénal pour inobservation de la réglementation (par exemple abus de bien social, répartition de dividendes fictifs, présentation de comptes annuels ne donnant pas une image fidèle de la situation de la société, défaut d'établissement des comptes annuels et du rapport de gestion...). Enfin il peut être appelé à combler les dettes sociales de la société en cas d'insuffisance d'actifs lors d'une procédure de redressement ou de liquidation judiciaire.

Le choix entre ces différentes structures juridiques doit être fait en combinant des critères

La loi permet à des personnes de se regrouper dans le cadre d'une organisation formelle pour exercer une activité en commun. Cette organisation, distincte des personnes physiques *qui la compose, constitue une* personne morale *dotée de la capacité juridique et titulaire de droits et devoirs (par exemple les associations, les sociétés commerciales, les syndicats, etc.).*

objectifs (certaines activités commerciales ne peuvent être exercées que dans le cadre d'une structure précise, telle l'entreprise individuelle pour les débits de tabac) et subjectifs. Pour chacune d'elles, il faut prendre en considération non seulement son mode de fonctionnement et sa compatibilité avec les perspectives d'évolution de l'activité, mais aussi les régimes fiscaux et sociaux s'appliquant au dirigeant.

Les principaux régimes sociaux et fiscaux applicables aux dirigeants commerçants/artisans

	Critères	Régimes
Social	Emploi salarié et assimilé Emploi non salarié	Régime général des salariés (RG) Régime social des indépendants (RSI)
Fiscal (IRPP)	Revenus salariaux Revenus non salariaux Dividendes d'actions et de parts sociales	Traitements et salaires (TS) Bénéfices industriels et commerciaux (BIC) Revenus mobiliers (RM)

L'entreprise individuelle

Le fait de s'immatriculer en entreprise individuelle ne fait pas obstacle à l'embauche d'employés.

p. 152

L'entrepreneur individuel ne forme qu'une seule personnalité juridique avec son entreprise. La loi ne requiert donc ni statuts ni capital social, et il lui suffit simplement de s'immatriculer comme personne physique en tant que commerçant ou artisan.

Mode de fonctionnement

L'entrepreneur individuel n'a pas d'associé. Il reste seul maître de ses choix stratégiques et de l'organisation de son activité, et ne rend compte qu'à lui-même de la gestion de son patrimoine professionnel et de ses liquidités. Si la notion d'abus de bien social n'a pas ici d'application, une gestion responsable requiert toutefois :

- d'ouvrir un compte bancaire professionnel sans aucune « porosité » avec le compte bancaire personnel, et d'utiliser des moyens de paiement (cartes et chéquiers) distincts ;
- de définir des règles pour encadrer les prélèvements opérés sur la trésorerie de l'activité.

Régime fiscal du dirigeant

Conséquence de l'absence de personnalité autonome, les bénéfices tirés de l'activité professionnelle ne sont pas imposés au niveau de l'entreprise mais directement au nom de l'entrepreneur individuel. Celui-ci les déclare à l'impôt sur le revenu des personnes physiques (IRPP) dans la catégorie des *bénéfices industriels et commerciaux* car il ne peut juridiquement être son propre salarié.

p. 172

Régime social du dirigeant

L'entrepreneur individuel relève du régime des travailleurs non salariés et est obligatoirement affilié au régime social des indépendants (RSI) pour les assurances maladie maternité, vieillesse (retraite de base et complémentaire) et prévoyance (invalidité, décès). Il y verse ses cotisations ainsi que celles d'allocations familiales car le RSI agit comme interlocuteur social unique pour le compte de l'Urssaf.

p. 208

Il n'acquiert aucun droit à l'assurance chômage mais peut souscrire une assurance personnelle contre le risque de perte d'emploi.

Le régime de l'auto-entrepreneur

Ce régime, entré en vigueur le 1er janvier 2009, n'est pas une nouvelle structure juridique. Il a pour objet de faire bénéficier les entrepreneurs individuels de procédures administratives simplifiées et d'un environnement social et fiscal avantageux (cf. détails en annexe). En contrepartie, celui qui fait le choix de ce régime ne peut dépasser un seuil de chiffre d'affaires fixé en 2010 à 80 300 euros pour la vente de marchandises, et à 32 100 euros pour la vente de prestations de services. En pratique, et compte tenu de ces seuils, ce régime peut se révéler intéressant en première approche pour tester une nouvelle idée et valider sa capacité d'entreprendre, ou bien pour ouvrir un magasin à petit potentiel (occupation à temps partiel, implantations en zones rurales, etc.)

Modalités de transmission

Pour transmettre son entreprise, l'entrepreneur individuel peut procéder par cession de son fonds de commerce ou par apport de ce dernier au capital d'une société. Ces différentes options ont chacune des implications fiscales importantes qui doivent être analysées avant toute prise de décision.

Principaux avantages	Principaux inconvénients
Création simple et mise en place facile Pas de statuts ni de capital social Coût réduit et simplicité de fonctionnement	Responsabilité totale du commerçant sur ses biens propres Forte incidence du régime matrimonial choisi Difficultés pour trouver des financements externes

L'entreprise unipersonnelle à responsabilité limitée

Une entreprise unipersonnelle à responsabilité limitée (EURL) est une société à associé unique. Contrairement à l'entreprise individuelle,

elle est donc dotée de la personnalité morale et d'un patrimoine qui lui est propre.

Le commerçant ou l'artisan qui fait le choix de cette structure doit rédiger des statuts et constituer un capital social de départ dont il est libre de fixer le montant sous condition que celui-ci soit en cohérence avec les exigences économiques de son projet. En tant qu'associé unique, il est le seul porteur des parts sociales de sa société.

L'associé unique d'une EURL peut aussi être une personne morale. Dans ce cas la gérance est assurée par une tierce personne.

Mode de fonctionnement

La loi établit une séparation entre les actes de gestion courante et les décisions majeures :

- l'**administration courante** relève d'un gérant, obligatoirement personne physique, nommé par l'associé unique. En l'absence de limitations statutaires, il a tous pouvoirs pour agir au nom et pour le compte de la société.
- les **décisions majeures** (approbation des comptes, inventaire, affectation des résultats, modification des statuts, rapport de gestion…) sont prises par l'associé unique et sont consignées dans un registre spécial. Par mesure de simplification, les sociétés qui ne dépassent pas certains seuils (total de bilan, chiffre d'affaires, nombre de salariés) sont dispensées d'établir des rapports de gestion et, si l'associé unique est aussi gérant, l'approbation des comptes peut se faire par simple dépôt au greffe du tribunal de commerce.

Dans la grande majorité des cas, c'est l'associé unique qui est le gérant, mais cela n'est pas obligatoire et il est possible de nommer une tierce personne pour assurer cette fonction.

Régime fiscal du dirigeant

Le régime fiscal du gérant est fonction de la nature de l'associé unique de la société.

Si l'**associé unique est une personne physique**, l'EURL, bien que dotée d'une personnalité juridique autonome, est considérée comme fiscalement transparente. Les bénéfices de la société sont constatés à son niveau après réintégration des prélèvements éventuels du gérant associé unique puis sont imposés à l'IRPP de ce dernier dans la catégorie des *bénéfices industriels et commerciaux*. La société peut toutefois opter irrévocablement pour l'imposition de ses bénéfices à l'impôt sur les sociétés (IS) dans les trois mois qui suivent l'immatriculation ou à la fin de chaque exercice. Dans ce cas, le gérant associé unique est considéré comme un salarié pour les rémunérations éventuelles de sa gérance, et relève à ce titre de l'IRPP dans la catégorie des *traitements et salaires*. Les dividendes qu'il se verse en tant qu'associé sont en revanche imposés soit à l'IRPP dans la catégorie des *revenus mobiliers*, soit en appliquant le prélèvement forfaitaire libératoire de 18 %.

Dans le cas où l'associé unique est une personne physique et que le gérant est une tierce personne, ce dernier est imposé au titre de sa rémunération éventuelle à l'IRPP dans la catégorie des traitements et salaires.
Sa rémunération est déductible des bénéfices de l'entreprise si elle est proportionnelle aux services rendus et si elle correspond à un travail effectif.
Les bénéfices de l'entreprise restent imposés à l'IRPP de l'associé unique personne physique.

p. 172

Si l'**associé unique est une personne morale**, la société est obligatoirement soumise à l'IS et le gérant est alors imposé au titre de sa rémunération éventuelle à l'IRPP dans la catégorie des *traitements et salaires*.

Régime social du dirigeant

Le **gérant associé unique** qui exerce une activité professionnelle au sein de l'entreprise, relève du régime des travailleurs non salariés. Il doit donc obligatoirement cotiser au RSI pour les assurances maladie-maternité, les assurances vieillesse-prévoyance et pour les allocations familiales. Ses cotisations sont calculées sur les bénéfices de la société si celle-ci est fiscalement transparente, ou sur la rémunération perçue - dividendes exclus - si la société a opté pour l'IS. Même s'il ne retire aucune rémunération de son activité professionnelle, le gérant associé unique reste soumis au versement d'une cotisation minimale d'assurances maladie-maternité et d'assurances vieillesse-prévoyance. Dans tous les cas, il n'acquiert aucun droit à l'assurance chômage mais peut souscrire une assurance personnelle contre le risque de perte d'emploi.

Dans le cas où le gérant est une tierce personne et s'il perçoit une rémunération au titre de son mandat social, il est considéré comme « assimilé salarié » et relève du régime général des salariés, excepté pour le risque contre le chômage et les dispositions du droit du travail. S'il est par ailleurs titulaire d'un contrat de travail pour des fonctions techniques distinctes de son mandat social, il a le statut complet de salarié. La réalité d'un lien de subordination entre lui et la société est vérifiée par le Pôle emploi.

Ces règles s'appliquent également à l'associé unique non gérant qui exerce une activité professionnelle, rémunérée ou non, au sein de la société.

Modalités de transmission

L'associé unique peut procéder par cession de son fonds de commerce ou par apport de ce dernier au capital d'une société. Il peut aussi céder une partie de ses parts à une ou plusieurs personnes. Dans ce cas, la société est automatiquement transformée en

SARL, le ou les acquéreurs supportant des droits d'enregistrement et le vendeur étant soumis à l'impôt sur les plus-values professionnelles.

Principaux avantages	**Principaux inconvénients**
Simplicité de fonctionnement quand le dirigeant est l'associé unique Structure facilement évolutive vers la SARL Choix du régime fiscal	Lourdeur du formalisme (rédaction des statuts, procès-verbaux de décisions...) mais nombreuses exceptions Coût de constitution Commissaire aux comptes obligatoire si deux des trois conditions suivantes sont réunies : bilan supérieur à 1 550 000 €, CA supérieur à 3 100 000 €, plus de 50 salariés

La société à responsabilité limitée

La société à responsabilité limitée (SARL) offre les mêmes avantages que l'EURL tout en permettant de s'assurer le concours d'associés qui apportent moyens financiers et compétences professionnelles complémentaires. Il s'agit du statut le plus fréquemment retenu par les commerçants qui veulent agir à plusieurs (2 au minimum et 100 au maximum, personnes physiques ou morales).

Dans ce type de société, le montant du capital social est librement fixé par les associés mais doit être cohérent avec les exigences économiques du projet. Il est habituellement réparti au prorata de la valeur des apports respectifs. La rédaction de statuts et la nomination d'un gérant sont les éléments complémentaires à effectuer pour constituer une SARL.

Mode de fonctionnement

Comme pour une EURL, la loi établit une séparation entre les actes de gestion courante et les décisions majeures.

- le **gérant** (il peut y avoir plusieurs cogérants), obligatoirement une personne physique choisie parmi les associés ou en dehors d'eux, est le représentant légal de la société. Il est autorisé à accomplir tous les actes de gestion dans l'intérêt de la société (sauf clauses statutaires imposant l'accord préalable des associés) et dispose des pouvoirs les plus étendus pour la représenter auprès des tiers. Nommé en assemblée générale ordinaire ou par les statuts, le gérant est tenu d'établir pour chaque exercice l'inventaire, les comptes annuels et le rapport de gestion de la société. Il peut être révoqué sur la décision des associés représentant plus de la moitié des parts sociales, ou à défaut par la justice pour cause légitime.
- l'**assemblée générale** représente la collectivité des associés. Elle a un pouvoir de contrôle sur les activités de la gérance, ce contrôle s'exerçant *a posteriori* lors de l'approbation des comptes annuels et pouvant se traduire par des recommandations, des sanctions, voire la révocation du gérant ou des cogérants.

Dans une SARL, les décisions relatives au fonctionnement et à l'approbation des comptes de la société se prennent en assemblée générale ordinaire à la majorité absolue des parts sociales en première convocation et à la majorité relative en deuxième convocation.
En revanche, les décisions prises en assemblée générale extraordinaire, comme la modification des statuts, requièrent une majorité de 2/3 au moins des parts sociales.

Régime fiscal du dirigeant

Le **gérant associé ou non associé** d'une SARL soumise à l'IS (cas de droit), est imposé à l'IRPP dans la catégorie des *traitements et salaires* dans la mesure où il perçoit une rémunération. Cette rémunération est déductible des bénéfices de la société.

p. 172

Dans le cas où la société choisit l'imposition à l'IRPP (options possibles pour les SARL dites de familles et pour celles créées depuis moins de 5 ans), le **gérant associé** est imposé à l'IRPP dans la catégorie des *bénéfices industriels et commerciaux* dans la mesure où il perçoit une rémunération. Cette rémunération n'est pas déductible des bénéfices sociaux. Le **gérant non associé** est imposé quant à lui à l'IRPP dans la catégorie des *traitements et salaires*. Sa rémunération est déductible des bénéfices de l'entreprise si elle est proportionnelle aux services rendus et si elle correspond à un travail effectif.

L'associé non gérant, qui exerce une activité salariée et formalisée par un contrat de travail avec l'entreprise, est imposé à l'IRPP dans la catégorie des traitements et salaires. *Tous les associés, gérants ou non, qui perçoivent des dividendes d'une SARL soumise à l'IS sont imposés à l'IRPP dans la catégorie des RM ou au prélèvement forfaitaire libératoire.*

Régime social du dirigeant

Le statut social d'un gérant de SARL est différent selon qu'il est associé majoritaire, associé minoritaire, ou non associé.

- le **gérant associé majoritaire** (si lui-même, son conjoint, son partenaire pacsé et ses enfants mineurs possèdent plus de la moitié du capital) ne peut bénéficier d'un contrat de travail avec l'entreprise. Il relève donc, comme l'entrepreneur individuel et le gérant associé unique de l'EURL, des travailleurs non salariés et doit s'affilier au RSI, indépendamment du fait de percevoir ou non une rémunération. Ses cotisations personnelles, déductibles de son revenu imposable, sont calculées sur la base de sa rémunération effective ou sur une base forfaitaire minimale. Il peut combler les lacunes de sa protection sociale, notamment en matière de risque de chômage, en cotisant auprès d'une société d'assurance privée. Au gérant majoritaire est assimilé le gérant de fait, c'est-à-dire l'associé qui, même s'il n'a pas le titre de gérant et quel que soit le nombre de ses parts, participe étroitement à la direction de l'entreprise.

Attention, en cas de cogérance, il faut cumuler les parts détenues par tous les gérants pour déterminer leur statut social.

- le **gérant associé minoritaire** (qui possède moins de 50 % du capital de l'entreprise), **ou égalitaire** (avec exactement 50 % du capital), est assimilé à un salarié dans la mesure où il perçoit une rémunération. Il cotise sur celle-ci et bénéficie à ce titre de l'ensemble des prestations du régime général des salariés. Cependant, il n'est pas soumis aux dispositions du droit du travail et ne relève pas du Pôle emploi, mais peut couvrir le risque de chômage en souscrivant une assurance volontaire. Par ailleurs, il ne peut prétendre à l'exercice du droit aux congés payés. Le gérant minoritaire ou égalitaire, non rémunéré au titre de sa gérance, ne relève quant à lui d'aucun régime de protection sociale et n'a aucune charge sociale à payer.

L'associé minoritaire ou égalitaire peut éventuellement cumuler une fonction de gérant avec un contrat de travail relatif à des fonctions techniques distinctes de la gérance. Il sera considéré à ce dernier titre comme un véritable salarié. Néanmoins, pour l'accès aux prestations d'assurance chômage, le Pôle emploi vérifie s'il existe un lien réel de subordination entre lui et la société.

p. 208

- le **gérant non associé** rémunéré relève du régime général des salariés, ou des travailleurs non salariés s'il appartient à un collège de gérance majoritaire. Ses cotisations sont assises sur sa rémunération. Le gérant non associé et non rémunéré ne relève quant à lui d'aucun régime de

Les associés non gérants sont de simples détenteurs de parts sociales. Ils ne cotisent à aucun régime de protection sociale sauf s'ils exercent au sein de l'entreprise une activité rémunérée et formalisée par un contrat de travail.
Ils relèvent alors à ce titre du régime général des salariés.

protection sociale, sauf s'il appartient à un collège de gérance majoritaire. Dans ce dernier cas, il relève des travailleurs non salariés et est affilié au RSI.

Modalités de transmission

Les associés d'une SARL peuvent librement céder leurs parts sociales entre eux, à leurs conjoints et à leurs ascendants et descendants, sauf clause d'agrément prévue par les statuts. Seules les cessions à des tiers restent soumises au vote à la majorité relative représentant au moins la moitié des parts sociales, avec la nécessité en cas de rejet de proposer une solution de rechange pendant trois mois. Les cessions de parts sociales supportent des droits d'enregistrement à la charge de l'acquéreur et sont soumises à l'impôt sur les plus-values professionnelles à la charge du vendeur.

Principaux avantages	Principaux inconvénients
Nombre d'associés évolutif et possibilité de capital variable Possibilité pour le dirigeant d'avoir la couverture sociale des salariés Choix, sous conditions, du régime fiscal	Fonctionnement plus lourd que pour une EURL Frais et formalisme de constitution (rédaction des statuts...) Commissaire aux comptes obligatoire si deux des trois conditions suivantes sont réunies : bilan supérieur à 1 550 000 €, CA supérieur à 3 100 000 €, plus de 50 salariés

La société par actions simplifiée

La société par actions simplifiée (SAS) est une structure juridique compatible avec des perspectives de développement commercial important (par exemple multiplication de plusieurs magasins nécessitant l'apport de capitaux supplémentaires et l'appel à emprunts bancaires). Tout en établissant une stricte séparation des patrimoines, elle offre en effet une bonne garantie aux partenaires extérieurs tout en permettant d'adopter un cadre souple et facilement évolutif.

p. 152

La souplesse et la facilité d'évolution de cette structure se manifestent à plusieurs plans. D'abord pour la constitution du capital social qui, depuis le 1er janvier 2009, est librement fixé par les actionnaires personnes physiques ou morales sous réserve de rester cohérent avec les exigences économiques du projet. Ensuite pour le nombre des actionnaires, qui n'est aucunement encadré par la loi et peut même se limiter à un actionnaire unique (on parle dans ce cas de **Société par actions simplifiée unipersonnelle – SASU**), et pour son mode de fonctionnement interne.

Le capital d'une SAS peut être variable, c'est-à-dire augmenter ou diminuer au fur à mesure des apports nouveaux ou de reprise d'apports résultant du retrait d'actionnaires.

Mode de fonctionnement

La SAS se distingue des autres types de société par le fait que son fonctionnement interne est essentiellement défini par les statuts, c'est-à-dire par la volonté contractuelle des actionnaires et non par la loi.

Le seul organe légalement obligatoire est le **président**, personne physique ou représentant d'une personne morale, qui peut être assisté d'un directeur général ou d'un directeur général délégué. Ce sont les statuts qui définissent les pouvoirs qui sont pris par le président ou par **décisions collectives des actionnaires** ainsi que les formes (vote en assemblée générale, par correspondance, ou par la signature d'un acte...) et les conditions (unanimité, majorité simple, majorité absolue...) dans lesquelles ces décisions collectives s'exercent. Par exception, certaines décisions ou conditions sont cependant d'ordre légal :

- sont obligatoirement soumises à l'unanimité, les décisions d'approbation et de modification des statuts (par exemple, celles relatives à l'inaliénabilité des actions, à l'agrément des cessions d'actions, à l'exclusion d'un actionnaire, à l'augmentation des engagements des actionnaires, etc.)
- doivent obligatoirement être prises collectivement les décisions d'approbation des comptes sociaux et d'affectation des résultats, de modification du capital social, de fusion et scission, de dissolution anticipée, de nomination des commissaires aux comptes et d'approbation des conventions réglementées.

En cas de SASU, les procédures d'approbation des comptes sociaux et de dépôt du rapport de gestion obéissent aux règles applicables aux EURL.

Une des principales caractéristiques de la SAS est notamment qu'elle permet de prévoir dans les statuts des possibilités d'actions prioritaires (donnant à certains actionnaires des droits supérieurs, tant au niveau financier que de la prise de décision, à leur part en capital), d'actions à vote multiple, d'agrément en cas de cession, d'inaliénabilité des actions, de procédure d'exclusion. Ces possibilités font que ce type de société est particulièrement bien adapté à la situation particulière d'une petite entreprise tel un commerce de détail.

Régime fiscal du dirigeant

Le **président personne physique**, actionnaire ou non, et dès lors qu'il perçoit une rémunération (rétributions spéciales, indemnités...)

avec ou sans contrat de travail, est toujours considéré comme un salarié par l'administration fiscale. Il est donc imposé à l'IRPP dans la catégorie des *traitements et salaires*. Sa rémunération est déductible de l'assiette de l'impôt sur les sociétés si elle reste mesurée.

L'actionnaire non-président qui exerce une activité salariée et formalisée par un contrat de travail avec l'entreprise, est imposé à l'IRPP dans la catégorie des traitements et salaires. *Il est, comme tous les actionnaires qui perçoivent des dividendes d'une SAS soumise à l'IS, imposé à ce titre dans la catégorie des* RM *ou au prélèvement forfaitaire libératoire.*

Par ailleurs, la rémunération versée à une **personne morale assurant la présidence** d'une SAS constitue pour cette personne morale un élément de son résultat et est imposable à l'impôt dont elle relève.

p. 208

Régime social du dirigeant

Le **président personne physique**, actionnaire ou non, est considéré comme « assimilé salarié » dès lors qu'il perçoit une rémunération au titre de son mandat. Il relève alors du régime général des salariés à l'exception des prestations d'assurance chômage (mais il peut couvrir ce risque en souscrivant une assurance privée) et des dispositions du droit du travail. En cas de conflit avec la société, il ne bénéficie ni de l'indemnité compensatrice de congés payés, ni du préavis, ni de l'indemnité pour rupture abusive et de la compétence du conseil des prud'hommes. Ses cotisations sont assises sur sa rémunération.

Les contrats d'assurance volontaire de type « Loi Madelin » permettent aux dirigeants ne bénéficiant pas des prestations d'assurance chômage de déduire leurs cotisations annuelles du bénéfice imposable de la société.

Il peut toutefois cumuler son mandat social avec un contrat de travail relatif à des fonctions techniques distinctes. À ce titre, il sera

L'actionnaire non-président qui exerce une activité salariée et formalisée par un contrat de travail avec l'entreprise relève tout naturellement du régime général des salariés.

considéré comme un véritable salarié, mais ne sera couvert contre le risque de chômage que s'il peut prouver l'existence d'un lien de subordination réel avec la société.

Modalités de transmission

Un avantage de la SAS consiste en la possibilité de définir librement les conditions dans lesquelles les actionnaires peuvent entrer et sortir de la société. Les statuts peuvent par exemple inclure des clauses d'agrément préalable applicables en cas de cession entre eux ou à des tiers, des clauses d'inaliénabilité des actions pendant une durée déterminée, et des clauses d'exclusion avec obligation de rachat.

Les cessions supportent des droits d'enregistrement de 3 % plafonnés à 5 000 euros à la charge de l'acquéreur et sont soumises à l'impôt sur les plus-values professionnelles à la charge du vendeur. Elles s'opèrent par simples virements de compte à compte.

Principaux avantages	Principaux inconvénients
Organisation de l'entreprise souple et libre Crédibilité vis-à-vis des partenaires extérieurs Régime social d'assimilé salarié	Frais et formalisme de constitution Très grande rigueur dans la rédaction des statuts (nécessité de faire appel à un homme de loi) Commissaire aux comptes obligatoire si deux des trois conditions suivantes sont réunies : bilan supérieur à 1 000 000 €, CA supérieur à 2 000 000 €, plus de 20 salariés.

Entreprendre en pluriactivités

La loi autorise le cumul d'une activité commerciale avec une autre activité professionnelle ou avec un statut de retraité. Cette faculté est ouverte aux personnes du secteur privé, ainsi qu'aux agriculteurs et fonctionnaires sous certaines conditions non étudiées ici.

Le cumul avec une autre activité du secteur privé

Les conditions pour exercer conjointement deux activités professionnelles privées varient selon que l'intéressé occupe déjà un emploi salarié ou un emploi non salarié. Pour une personne salariée, le cumul n'est en effet possible que si elle respecte son obligation de loyauté envers son employeur et que si son contrat de travail ne comporte pas de clause d'exclusivité (la loi sur l'initiative économique du 1er août 2003 a cependant prévu une inopposabilité de ces clauses pendant une période de un à deux ans).

p. 15

Quand ces conditions sont satisfaites, il est alors possible de cumuler deux revenus qui sont imposés à l'IRPP dans la catégorie dont ils relèvent respectivement :

- en cas de cumul de deux revenus salariés, ceux-ci sont déclarés dans la catégorie des *traitements et salaires* avec déduction forfaitaire de 10 % sur le montant cumulé ;
- en cas de cumul d'un revenu salarié et d'un revenu non salarié, le revenu salarié est déclaré dans la catégorie des *traitements et salaires* et le revenu non salarié dans celle des *bénéfices industriels et commerciaux* pour une activité commerciale ou des *bénéfices non commerciaux* pour une activité libérale ;

- en cas de cumul de deux revenus non salariés, ces revenus sont déclarés dans leurs catégories respectives (*bénéfices industriels et commerciaux* pour une activité commerciale, *bénéfices non commerciaux* pour une activité libérale). Par mesure de simplification, l'administration fiscale admet cependant que, sous certaines conditions, les revenus accessoires soient rattachés à la catégorie du revenu principal.

Les modalités simplifiées du régime de la micro-entreprise (dont microfiscal) peuvent s'appliquer aux revenus non salariés n'excédant pas les seuils de ce régime.

Des règles particulières s'appliquent en revanche au plan social en fonction de la combinaison du statut actuel de l'intéressé avec celui de sa nouvelle activité rémunérée.

Les régimes sociaux applicables (*cf.* site APCE pour plus de détails)

	Actif actuellement salarié	Actif actuellement non salarié
Activité commerciale rémunérée en non salarié (par exemple entrepreneur individuel, gérant d'EURL ou gérant majoritaire de SARL)	**Affiliation** : simultanément aux deux régimes (salarié et non salarié)	**Affiliation** : au régime de l'activité principale (déterminé une fois par an, pour une période allant du 1er janvier au 31 décembre de l'année suivante, en fonction des revenus perçus dans chaque activité au cours de l'année civile précédente et du temps de travail consacré à chaque activité)
	Cotisations : calculées selon les règles de chaque régime concerné	**Cotisations** : calculées sur la base du total des revenus des différentes activités (si les revenus de la nouvelle activité ne sont pas encore connus, il y aura régularisation ultérieure)

	Actif actuellement salarié	Actif actuellement non salarié
Activité commerciale rémunérée en non salarié (par exemple entrepreneur individuel, gérant d'EURL ou gérant majoritaire de SARL)	**Prestations** : les prestations d'assurance maladie-maternité et invalidité sont versées par le régime de l'activité principale (l'activité non salariée est présumée principale sauf si l'intéressé a accompli au cours de l'année de référence au moins 1 200 heures de travail salarié avec un revenu au moins égal à ses revenus non salariés). Cependant, si l'activité principale est l'activité non salariée, il y a possibilité de percevoir les indemnités servies par le régime salarié. Les prestations d'assurance retraite de base acquises dans les deux régimes sont cumulées. Celles de la retraite complémentaire s'apprécient distinctement. *Rappel : le salarié qui crée une entreprise tout en conservant son emploi salarié peut être exonéré de certaines cotisations sociales au titre de son activité non salariée (cf. Chap. I* L'accompagnement du candidat à la création*)*	**Prestations** : versées par le régime d'affiliation
Activité commerciale rémunérée en salarié (par exemple gérant minoritaire ou égalitaire de SARL, président de SAS ou de SASU)	**Affiliation** : au régime général des salariés	**Affiliation** : simultanément aux deux régimes (salarié et non salarié)

.../...

	Actif actuellement salarié	Actif actuellement non salarié
Activité commerciale rémunérée en salarié (par exemple gérant minoritaire ou égalitaire de SARL, président de SAS ou de SASU)	**Cotisations** : Sécurité sociale et retraite complémentaire calculées sur la base des rémunérations effectivement reçues dans chaque emploi	**Cotisations** : calculées selon les règles de chaque régime concerné
	Prestations : versées comme si l'ensemble des salaires avait été réglé par un seul employeur	**Prestations** : les prestations d'assurance maladie-maternité et invalidité sont versées par le régime de l'activité principale (l'activité non salariée est présumée principale sauf si l'intéressé a accompli au cours de l'année de référence au moins 1 200 heures de travail salarié avec un revenu au moins égal à ses revenus non-salariés). Cependant, si l'activité principale est l'activité non salariée, il y a possibilité de percevoir les indemnités servies par le régime salarié. Les prestations d'assurance retraite de base acquises dans les deux régimes sont cumulées. Celles de la retraite complémentaire s'apprécient distinctement.

Le cumul avec une retraite du secteur privé

Depuis la loi de financement de la Sécurité sociale pour 2009, les retraités du régime général des salariés, du régime des non-salariés et du régime des professions libérales peuvent cumuler librement leur pension avec les revenus tirés d'une nouvelle activité. Pour bénéficier des dispositions de cette loi, ces retraités doivent remplir les deux conditions cumulatives suivantes :

- avoir au moins 65 ans, ou avoir au moins 60 ans et justifier d'une durée d'assurance ouvrant droit à une retraite à taux plein (carrière complète) ;
- avoir liquidé toutes ses pensions de vieillesse (base et complémentaire) en France et à l'étranger.

Les retraités qui ne remplissent pas ces conditions peuvent cependant percevoir des revenus issus d'une nouvelle activité professionnelle mais leurs pensions seront maintenues ou suspendues en fonction de la combinaison de leur statut de retraité avec celui de leur nouvelle activité rémunérée.

Maintien ou suspension de la pension de retraite (*cf.* site APCE pour plus de détails)

	Retraité ancien salarié	Retraité ancien non-salarié
Activité commerciale rémunérée en non-salarié (par exemple, entrepreneur individuel, gérant d'EURL ou gérant majoritaire de SARL)	**Retraite de base** : maintenue dans son intégralité	**Retraite de base** : suspendue si les nouveaux revenus professionnels sont supérieurs : – à la moitié du plafond annuel de Sécurité sociale pour le retraité commerçant ou artisan (17 310 € en 2010) – au plafond annuel pour le retraité libéral (34 620 € en 2010)

…/…

	Retraité ancien salarié	Retraité ancien non-salarié
Activité commerciale rémunérée en non-salarié (par exemple, entrepreneur individuel, gérant d'EURL ou gérant majoritaire de SARL)	**Retraite complémentaire** : maintenue dans son intégralité	**Retraite complémentaire** : suspendue ou minorée pour les retraités commerçants ou artisans, et maintenue pour les retraités libéraux
Activité commerciale rémunérée en salarié (par exemple gérant minoritaire ou égalitaire de SARL, président de SAS ou de SASU)	**Retraite de base** : suspendue si ressources (pension et nouveaux revenus professionnels) supérieures : – soit au dernier salaire brut – soit à un plafond correspondant à 160 % du Smic en vigueur (la caisse de retraite retiendra la solution la plus favorable à l'intéressé)	**Retraite de base** : maintenue dans son intégralité
	Retraite complémentaire : suspendue ou minorée en fonction du montant des nouveaux revenus professionnels	**Retraite complémentaire** : maintenue dans son intégralité

Quel que soit le cas de cumul, les régimes fiscaux et sociaux qui s'appliquent aux retraités exerçant une nouvelle activité professionnelle sont les suivants :

- les pensions de retraite perçues sont imposées à l'IRPP dans la catégorie des *traitements et salaires*, alors que les revenus tirés de la nouvelle activité commerciale sont déclarés dans la catégorie des *traitements et salaires* ou des *bénéfices industriels et commerciaux* ;

- les cotisations d'assurances maladie-maternité, d'allocations familiales et d'assurance vieillesse sont dues au titre du régime social de la nouvelle activité. Plusieurs dérogations à cette règle existent, notamment pour les cotisations d'allocations familiales en cas de revenu faible et pour les cotisations d'assurance vieillesse en cas d'absence de revenu imposable. Attention, les cotisations d'assurance vieillesse dues par un retraité au titre de sa nouvelle activité peuvent n'ouvrir aucun nouveau droit.

Le Carré des Simples

Herboristerie contemporaine produisant et commercialisant sous sa marque
22, rue Tronchet
75008 Paris

Diplômé de l'Essec et de Stanford, Jean-Claude Charlet a toujours eu le désir d'entreprendre. Une première expérience réussie, menée juste après ses études, lui a déjà permis de se frotter aux difficultés du parcours et de comprendre la nécessité de saisir les opportunités quand elles se présentent, et de les mettre rapidement en œuvre.

Jean-Claude prend d'abord le temps d'approcher les spécialistes.

En 2003, percevant que le marché des produits de santé et de bien-être à base de plantes est appelé à se développer rapidement, il décide de relever le défi et d'ouvrir un magasin, *« un univers où la plante est dans tous ses états »*. Jean-Claude prend d'abord le temps d'approcher les spécialistes de cette activité qu'il ne connaît pas en détail et réalise de façon concomitante une étude de marché et un *business plan*, tâches ardues en raison de la nouveauté de ce marché et donc de l'absence de données fiables. Les conclusions de l'étude étant positives, une EURL est créée au cours de l'été 2003, structure simple et facilement évolutive.

Le Carré des Simples ouvre ses portes en novembre suivant dans le quartier central de la Madeleine, sous bail précaire pour tester le concept. L'aménagement et la décoration du magasin, particulièrement soignés pour bien se différencier et être rapidement identifiable par la clientèle, ont nécessité de mobiliser un budget de 130 000 €. Le stock de départ (plus de deux cents références sous packaging spécifique) et les frais de constitution de la marque se sont élevés à environ 70 000 €. Dans cette affaire, Jean-Claude a investi 200 000 € entièrement autofinancés, car les banques et les organismes de soutien à la création d'entreprise n'ont pas voulu le suivre. Il a pu seulement bénéficier d'une exonération de charges sociales pendant un an dans le cadre de l'Accre.

Le premier exercice, avec un chiffre d'affaires de 150 000 €, valide les hypothèses du *business plan*. Jean-Claude décide alors de monter rapidement en puissance et de distribuer ses produits directement par Internet (*www.lecarredessimples.com*) et par la signature d'accords de distribution avec des magasins positionnés sur le même secteur. Cette stratégie commerciale lui permet de multiplier sa présence sur le marché, mais aussi de bénéficier de nombreuses économies d'échelle en rationalisant et industrialisant ses approvisionnements auprès de producteurs indépendants qui fabriquent les produits à partir de recettes, propriétés de l'enseigne.

« Un magasin met des années à construire son image, alors que de mauvais choix commerciaux peuvent la détruire en quelques jours. »

En 2010, et après sept années d'activité, les résultats obtenus sont largement positifs et *Le Carré des Simples* est devenu une référence en termes de tisanes et d'huiles essentielles bio. Outre le site Internet de l'enseigne, ses produits sont aujourd'hui disponibles à Paris dans le magasin de la rue Tronchet et à travers un réseau d'une cinquantaine de boutiques partenaires en France et à l'étranger.

À ceux qui veulent se lancer dans l'ouverture d'un magasin, Jean-Claude Charlet conseille de rester en accord avec son éthique personnelle, d'être rigoureux sur la qualité des produits proposés et ambitieux sur le niveau de service offert au client : *« Un magasin met des années à construire son image, alors que de mauvais choix commerciaux peuvent la détruire en quelques jours. »*

Lors du montage du projet, il recommande notamment :

- de limiter le plus possible les dépenses de fonctionnement, car *« il est plus facile de dépenser de l'argent que de réaliser du chiffre d'affaires ! »* ;
- d'éviter d'avoir recours à un endettement trop important ;
- d'avoir toujours à l'esprit que la clé de la réussite réside dans le choix des personnes dont on

s'entoure, qui doivent être compétentes, mais aussi complémentaires. *« Il faut savoir fidéliser et motiver, car une jeune entreprise peut être gravement déstabilisée par une défaillance humaine. »* Pour le reste, *« de l'enthousiasme est indispensable… ainsi qu'un peu de chance ! »*

7 Les réglementations et les démarches administratives

Vous avez choisi votre structure juridique et vous entrez maintenant dans la phase administrative de création de votre entreprise.

S'occuper des formalités d'immatriculation n'est certes pas l'étape la plus enthousiasmante de votre projet, mais sachez qu'aujourd'hui ces nombreuses tâches ont été simplifiées pour vous permettre d'entrer au plus vite dans le vif de l'action commerciale.

Mais quelle que soit la structure juridique que vous allez faire enregistrer, les rapports patrimoniaux entre époux et le statut légal à donner à votre conjoint, s'il participe à l'activité du magasin, doivent être préalablement compris et maîtrisés.

L'organisation des rapports patrimoniaux

Les rapports patrimoniaux entre les époux, notamment pour assurer la protection de chaque conjoint en cas de difficultés financières, de séparation et de divorce, s'organisent dans le cadre d'un régime matrimonial.

Il est vivement recommandé d'avoir recours aux services d'un homme de loi pour choisir le régime matrimonial adéquat ou éventuellement en changer. Dans ce dernier cas de figure, il faut :
- *l'accord explicite de son conjoint ;*
- *que le précédent régime se soit appliqué pendant au moins deux ans ;*
- *que cette modification se fasse dans « l'intérêt de la famille ».*

Il existe en France quatre grands régimes matrimoniaux, mais seuls ceux de la communauté réduite aux acquêts et de la séparation de biens sont les plus couramment adoptés par les créateurs d'un magasin en raison de la protection qu'ils procurent. À ces deux régimes matrimoniaux *stricto sensu* s'ajoute depuis 1999 la possibilité de conclure un pacte civil de solidarité (Pacs) entre partenaires.

Même s'il est déjà marié ou pacsé et qu'il a déjà fait le choix d'un régime matrimonial, le futur créateur peut, avec l'accord de son conjoint ou partenaire, légalement en changer à l'issue de deux années du régime en application.

Le régime de la communauté réduite aux acquêts

C'est le régime légal des époux mariés sans contrat de mariage. Dans ce régime, les biens acquis pendant le mariage – y compris les salaires et les revenus personnels –, sont communs, à l'exception toutefois des biens donnés ou légués sous réserve de ne pas tomber en communauté. Les autres biens acquis avant le mariage restent des biens propres à chaque époux.

Une entreprise créée ou acquise au cours du mariage entre donc dans le patrimoine commun, sauf si la création ou l'acquisition a été faite par l'emploi des biens propres. Son administration relève du seul chef d'entreprise mais implique l'accord de son conjoint pour céder tout ou partie des actifs. En cas de dépôt de bilan, le créateur peut être appelé en garantie sur ses biens propres et sur les biens communs. Seuls les biens propres du conjoint sont sauvegardés.

En cas de divorce, la valeur de l'entreprise créée ou acquise durant le mariage est à répartir entre les époux au titre du partage de l'actif communautaire. Cette situation peut quelquefois nécessiter de vendre l'entreprise.

Le régime de la séparation de biens

Ce régime, qui nécessite la signature d'un contrat de mariage devant notaire, institue une stricte séparation entre les biens des époux, quelle que soit la date et quel que soit le moyen d'entrée dans le patrimoine de chacun. Chaque époux gère et dispose de ses biens comme il l'entend.

La décision de créer ou reprendre une entreprise n'engage que son auteur qui en reste le seul propriétaire, le seul administrateur et son unique responsable vis-à-vis des tiers. Le conjoint ne peut être appelé en garantie sur ses biens propres que s'il s'est porté caution ou garant des emprunts bancaires de l'entreprise ou qu'il l'a dirigée de fait, ou encore qu'il en a acquis des parts sociales. Attention, ce

En cas de divorce, le conjoint n'a aucun droit sur l'entreprise, sauf à demander par voie judiciaire le versement d'une indemnité compensatrice pour participation non rémunérée à l'activité du magasin.

régime n'est protecteur que s'il n'a pas été choisi pour organiser une insolvabilité.

En cas de décès du créateur, le conjoint non exploitant peut être protégé par voie testamentaire, donation au dernier vivant ou par la signature d'une assurance-vie.

Le Pacte civil de solidarité

Depuis le 1er janvier 2007, la séparation des patrimoines s'applique de plein droit aux signataires d'une convention de Pacs et chacun reste propriétaire des biens qu'il acquiert avant, pendant et après la conclusion de la convention. Celui des partenaires qui crée ou reprend une entreprise individuelle ou une société en est le seul propriétaire et gestionnaire, et peut en disposer totalement sans nécessiter l'accord de l'autre partie. Seuls ses biens propres sont engagés en cas de difficultés économiques.

Les partenaires peuvent cependant opter pour l'indivision de leur patrimoine acquis postérieurement à la signature de leur pacte. Ainsi, si l'option est formulée avant de se lancer dans un projet entrepreneurial, l'indivision s'applique mais à la seule acquisition d'un fonds de commerce ou de titres de société financés par des fonds acquis après la signature de la convention. Dans ce cas, l'entreprise appartient pour moitié à chacun des partenaires et leur accord est nécessaire pour effectuer des actes d'administration et de disposition. Si au contraire l'option est formulée après la création ou l'acquisition d'une entreprise, l'indivision ne s'applique pas à elle. L'entrepreneur reste seul

En cas de rupture du Pacs, et dans le cas d'une indivision, chaque partenaire a droit à la moitié des biens indivis.

propriétaire de son entreprise et peut l'administrer et en disposer librement sans l'accord de l'autre partie. Il reste le seul responsable sur ses biens propres en cas de difficultés économiques.

Le statut du conjoint marié ou pacsé

De nombreux conjoints participent fréquemment à l'activité commerciale ou artisanale de l'entreprise. Afin de leur donner une protection sociale et des droits à la retraite, l'article 12 de la loi Dutreil du 2 août 2005 impose de le déclarer sous un statut de conjoint collaborateur, salarié ou associé. Le choix entre ces trois statuts, ouverts aux époux comme aux partenaires pacsés, est à formuler lors de l'immatriculation de l'entreprise. L'option à retenir est fonction de l'âge du conjoint (en prévision de la retraite), du régime patrimonial des conjoints et du statut de l'entreprise.

Le conjoint collaborateur

Le conjoint collaborateur bénéficie d'un droit personnel au titre de la formation professionnelle continue.

Ce statut peut être adopté par le conjoint marié ou pacsé d'un entrepreneur individuel, ainsi que d'un gérant associé unique d'une EURL ou d'un gérant associé majoritaire de SARL si les effectifs de ces sociétés ne dépassent pas vingt salariés.

Pour pouvoir bénéficier de ce statut, le conjoint doit remplir plusieurs conditions :

- collaborer véritablement, de façon durable et continue, à l'activité de l'entreprise sans percevoir de rémunération au titre de son travail ;

- ne pas être associé de l'entreprise, et ne pas exercer d'activité professionnelle extérieure à l'exception d'une activité salariée qui n'excède pas la moitié de la durée légale du travail ;
- être déclaré au registre du commerce et des sociétés ou au répertoire des métiers.

Il a alors la faculté d'accomplir tous les actes d'administration courante, sa responsabilité personnelle ne pouvant être engagée par des tiers si son activité n'excède pas ce mandat légal.

Il bénéficie, en qualité d'ayant droit du chef d'entreprise et sans avoir à verser de cotisation, des prestations d'assurance-maladie et maternité (allocation forfaitaire de repos maternel et de remplacement pour les travaux ménagers effectués par des salariés tiers). Il doit s'affilier et cotiser aux régimes sociaux obligatoires d'assurance vieillesse (base et complémentaire), invalidité et décès de l'exploitant, le montant des cotisations versées étant déductible du revenu imposable de ce dernier. En revanche, le conjoint collaborateur n'a droit à aucune indemnité pour perte d'emploi sauf souscription d'une assurance personnelle.

Le conjoint salarié

Le choix de ce statut est possible quel que soit le statut juridique de l'entreprise. Pour pouvoir y prétendre, le conjoint marié ou pacsé ne doit pas s'immiscer dans la gestion de l'entreprise et doit être titulaire d'un contrat de travail correspondant à un travail effectif, c'est-à-dire :

- travailler de façon habituelle et continue dans l'entreprise (il est recommandé de mentionner dans le contrat de travail les fonctions exercées, les horaires de travail et la rémunération perçue et de faire enregistrer ce contrat au service des impôts pour éviter toute contestation ultérieure) ;

- percevoir une rémunération en adéquation avec le niveau de qualification et, en tout état de cause, au minimum égale au Smic.

La rémunération du conjoint salarié est une charge déductible des revenus de l'entreprise, en totalité si l'entreprise est soumise à l'IS et intégralement ou partiellement si l'entreprise est soumise à l'IRPP (conditions liées à l'adhésion à un centre de gestion agréé et au régime matrimonial). Les charges sociales sont en revanche toujours déductibles en totalité.

Le conjoint qui choisit ce statut est, comme tout autre salarié, obligatoirement affilié au régime général des salariés en contrepartie de cotisations salariales et patronales. Il bénéficie d'une couverture complète pour la maladie, la maternité et les accidents du travail, et peut, sous certaines conditions, percevoir des prestations de retraite et accéder aux allocations d'assurance chômage.

Le conjoint associé

Pour l'entrepreneur marié, qui veut constituer une société avec son conjoint, les statuts doivent obligatoirement être établis par acte notarié.

Le conjoint marié ou pacsé qui travaille effectivement dans la société dirigée par son époux ou partenaire et qui décide d'être associé au capital donc (toutes les sociétés, sauf EI, EURL et SASU) peut demander à bénéficier du statut de conjoint associé.

Il n'est pas ayant droit du chef d'entreprise et sa couverture dépend donc d'une affiliation personnelle obligatoire au régime social du chef d'entreprise. Si ce dernier est affilié au RSI, c'est ce régime qui s'impose.

Les actes et démarches d'immatriculation

Les opérations qui aboutissent à l'immatriculation de l'entreprise sont de nature à la fois juridique et financière. Elles sont multiples et ne se limitent pas au simple enregistrement déclaratif d'activité.

Les actes parallèles à l'immatriculation

Les premières opérations à accomplir, préalablement ou simultanément au dépôt du dossier d'immatriculation, concernent dans tous les cas la signature d'un contrat d'assurance professionnelle et l'adhésion à une caisse de retraite de salariés (adhésion obligatoire même si l'entreprise n'emploie aucun salarié).

En cas de création d'une société, il convient en plus de procéder à la rédaction de statuts, à la nomination du ou des premiers dirigeants, à l'insertion d'un avis de constitution dans un journal d'annonces légales, et à l'obtention d'un certificat de domiciliation de l'entreprise. Les statuts de la société doivent également être enregistrés auprès du centre des impôts.

Il faut également, avant de choisir un nom commercial et un nom de domaine Internet, réaliser des recherches d'antériorité auprès de l'INPI et de l'AFNIC.

Lors de la rédaction des statuts, la liste des frais engagés (étude de marché, déplacements, honoraires divers…) et des actes déjà accomplis (promesse de bail, accords préalables avec des fournisseurs et des sous-traitants…) par le porteur de projet doit être jointe en annexe de façon à ce qu'ils puissent être repris par la société, une fois celle-ci définitivement immatriculée.

Simultanément à ces opérations, et toujours en cas de société, le porteur doit se faire mandater par ses associés pour accomplir les actes de lancement (signature du contrat de bail et des devis de travaux, premiers contrats d'acquisition de matériels...) qui seront alors faits au nom et pour le compte de la société en cours d'immatriculation.

À côté de ces opérations juridiques, l'ouverture d'un compte bancaire professionnel est la principale opération financière à effectuer. Ce compte, ouvert par le porteur de projet ou toute autre personne mandatée à cet effet, permet de déposer et de bloquer les apports du créateur et les concours financiers de ses associés éventuels.

Les démarches d'immatriculation

Points de contact unique avec l'administration et plaques tournantes du processus d'immatriculation, les **centres de formalités des entreprises (CFE)** centralisent les dossiers d'immatriculation, en vérifient le contenu et la complétude, et transmettent les informations aux organismes concernés :

- l'Insee pour l'inscription de l'entreprise au RNE (Répertoire national des entreprises), et pour l'attribution d'un numéro SIREN, d'un ou plusieurs numéro(s) SIRET, d'un code NAF et d'un numéro unique d'identification (établi à partir du numéro SIREN) ;

Le code NAF est attribué en fonction du descriptif d'activité effectué dans le formulaire d'inscription. Attention aux erreurs de qualification qui peuvent s'avérer pénalisantes en cas de litige avec les organismes fiscaux et sociaux.

- le greffe du tribunal de commerce pour l'inscription au registre du commerce et des sociétés (si l'entreprise individuelle exerce une activité *commerciale* ou s'il s'agit d'une société sans objet artisanal), ou la chambre des métiers et de l'artisanat pour l'inscription au répertoire des métiers (pour tout *artisan* exerçant en entreprise individuelle ou en société). Dans le cas où l'activité est à la fois commerciale et artisanale, le CFE de la chambre des métiers et de l'artisanat est compétent pour recevoir l'inscription obligatoire au répertoire des métiers et au registre du commerce et des sociétés ;

- l'administration fiscale au travers des centres des impôts ; l'inspection du travail à la Direction départementale du travail de l'emploi et de la formation professionnelle et Pôle emploi pour déclarer les employés de l'entreprise ;
- les organismes sociaux (Urssaf et RSI).

Le CFE compétent est situé à la chambre de commerce et d'industrie ou à la chambre des métiers du lieu d'implantation de la future entreprise. Le porteur de projet y retire un dossier d'immatriculation qu'il retourne avec les pièces demandées, notamment :

- le formulaire d'immatriculation PO pour les entreprises individuelles ou MO pour les sociétés ;
- le formulaire TNS réservé aux dirigeants d'entreprise rattachés au régime des travailleurs non salariés et destiné aux organismes sociaux ;
- les attestations, notamment la déclaration de choix du statut du conjoint, l'attestation bancaire d'ouverture de compte et de versement des fonds, l'attestation informant le conjoint sur les conséquences patrimoniales du régime de la communauté réduite aux acquêts, le justificatif d'annonce légale, le certificat de domiciliation, etc.

Le CFE joue également le rôle de guichet unique et peut réceptionner toutes les demandes d'inscription, d'autorisation ou de déclaration nécessaires au démarrage de certaines activités, au-delà de la création proprement dite (par exemple l'autorisation d'exercice, l'inscription sur des registres professionnels, la déclaration en mairie ou préfecture liée à l'ouverture, etc.).

Actuellement, ce service concerne 14 activités : agent immobilier, boucherie, boulangerie artisanale, centre équestre, charcuterie, coiffure en salon, activités commerciales et artisanales ambulantes, contrôle technique de la construction, expert-comptable, géomètre expert, plomberie, architecte, vétérinaire, marchand de biens.

La liste des activités concernées sera progressivement étendue.

Si le CFE compétent estime que le dossier est complet, un récépissé de création d'entreprise (RCE) est immédiatement et gratuitement délivré au déposant. Ce RCE permet de réaliser certaines démarches administratives (comme l'ouverture de lignes téléphoniques, la signature d'un contrat EDF, l'inscription aux services postaux, la souscription d'une police d'assurance multirisques et responsabilité civile d'exploitation, l'adhésion à un centre de médecine du travail et à une caisse de retraite complémentaire...) avant l'immatriculation définitive au registre du commerce et des sociétés ou au répertoire des métiers.

Depuis le 1er janvier 2010, les formalités d'inscription au CFE peuvent aussi être faites à distance via *le site www.guichet-entreprises.fr. Pour créer une société commerciale dans l'urgence, il est aussi possible de s'inscrire directement au RCS auprès du greffe du tribunal de commerce qui contactera ensuite le CFE.*

Cette dernière se matérialise par la remise du numéro unique d'identification et la délivrance de l'extrait Kbis pour les sociétés ou K pour les entreprises individuelles. En fonction des circonscriptions, l'immatriculation définitive demande un délai compris entre deux et dix jours. Son coût varie selon les départements ou les régions.

Frais d'immatriculation les plus fréquents

	Entreprises individuelles	**Sociétés**
RCS (activité commerciale)	62,15 €	83,96 €
RM (activité artisanale)	130 €	130 €
RCS et RM (activité commerciale et artisanale)	200 €	230 €
Autres	Stage de préparation à l'installation (obligatoire pour les artisans) : 200 €	Stage de préparation à l'installation (obligatoire pour les artisans) : 200 € Insertion dans un journal d'annonces légales : de 150 à 230 €

Les auto-entrepreneurs sont dispensés d'immatriculation et de frais de chambre de commerce et d'industrie s'ils sont commerçants. La seule formalité est de déposer une déclaration simplifiée. S'ils sont en revanche artisans, ils doivent s'immatriculer au répertoire des métiers mais sont dispensés de frais de chambre des métiers pendant 3 ans. Cf. Annexe.

Une fois l'entreprise immatriculée, le compte bancaire peut fonctionner. Non seulement pour rembourser au porteur les frais déjà engagés au nom et pour le compte de la société en cours d'immatriculation, mais aussi pour recueillir les autres fonds du plan de financement et réaliser les premières opérations courantes.

Direct Fruits

Fruits et légumes
451 bis, rue de l'Impératrice
62600 Berck-sur-Mer

Direct Fruits est un magasin de fruits et légumes d'une surface de 80 m^2 (réserves comprises) situé en plein centre-ville de Berck-sur-Mer, dans le Pas-de-Calais. Céline Groux et Frédéric Blum ouvrent ce magasin en juillet 2008, après un parcours professionnel de plusieurs années dans la grande distribution : Céline était chef de secteur Produits frais dans un Super U alsacien et Frédéric chef de secteur ELDPH (épicerie, liquide, droguerie, hygiène, beauté) dans le même établissement.

Tout commence en 2007 quand le frère de Céline, qui tenait l'épicerie familiale créée par leur père à Berck Plage, rencontre des problèmes de santé et voit son chiffre d'affaires de basse saison diminuer en raison de la forte concurrence de plusieurs grandes surfaces et des nombreux *hard discounters*. Il pense alors vendre son entreprise et en parle à Céline et à Frédéric. Ceux-ci sont intéressés par ce nouveau défi mais, après réflexion, lui proposent une solution plus innovante permettant de redynamiser le chiffre d'affaires de l'entreprise : s'associer et ouvrir un second magasin situé, lui, en centre-ville de façon à capter la clientèle de basse saison et dégager un chiffre d'affaires global susceptible de faire vivre trois personnes.

S'associer et ouvrir un second magasin situé en centre-ville est une solution innovante.

Après une étude de marché auprès des commerçants locaux, la place du marché apparaît vite comme l'emplacement le plus adéquat. Cet emplacement est un cœur économique qui fonctionne assez uniformément été comme hiver car il draine les villages « banlieue » de Berck : Verton, Groffliers, Rang-du-Fliers, Waben, Conchil-le-Temple, etc. Il comporte trois boulangeries, deux boucheries, une poissonnerie, deux coiffeurs, une pharmacie, un médecin, deux épiceries, l'hôtel de ville, un bureau de poste, un café-presse-tabac, un opticien… le tout autour d'un très grand parking. Les commerçants se déclarent tous favorables au projet car, excepté les jours de marché, il manque un primeur sur cette place.

Il ne reste plus qu'à trouver un local. Or, un magasin de fleurs, en liquidation judiciaire mais clair et disposant d'une belle vitrine, est opportunément disponible. L'acquisition du droit au bail s'avère cependant compliquée, et Céline et Frédéric préfèrent se rendre acquéreurs de l'immeuble de trois étages qui comprend le local commercial au rez-de-chaussée. Ils créent une SCI au capital de 34 000 € et financent le solde du prix d'achat par un emprunt bancaire dont les annuités sont en grande partie couvertes par la location des différents logements d'habitation.

Ne pas hésiter à se faire aider d'un conseil juridique et comptable.

Avec l'aide du conseiller juridique et du cabinet comptable du frère de Céline, les trois entrepreneurs restructurent dans la foulée le capital de la SARL *Direct Fruits* existante pour s'associer dans la gestion des deux magasins :

- le capital historique de 12 000 € est porté à 18 000 € répartis en trois parts égales. L'opération se fait notamment par l'apport de 6 000 € en numéraire qui permettent de réaliser les différents travaux et aménagements du nouveau magasin ;
- Céline et Frédéric prennent la cogérance de la SARL et s'inscrivent au RSI, alors que le frère de Céline prend le statut de salarié pour bénéficier de la couverture santé du régime général ;
- un bail commercial 3/6/9 ans est signé entre la SCI et la SARL.

Aucune aide à la création d'entreprise n'est allouée car *Direct Fruits* n'est pas une nouvelle entreprise. En revanche, Frédéric bénéficie d'une réduction d'impôt sur le revenu au titre du capital supplémentaire qu'il apporte à la société.

La finalisation du projet ne se réalise qu'au terme d'une vraie course contre la montre pour pouvoir ouvrir le deuxième magasin pour la saison touristique de 2008. En effet, même si le centre-ville de Berck est moins dépendant du tourisme que le côté plage, son activité commerciale augmente considérablement en saison estivale, la population passant de 15 000 à 200 000 habitants essentiellement logés en hôtellerie de plein air (plus de 30 campings dans la région proche).

L'accueil des premiers clients est particulièrement encourageant. Mais, après le rush de la haute saison et le départ de la clientèle de résidence secondaire, l'objectif n'est qu'en partie atteint et il reste à capter la clientèle proche. Aussi les trois associés décident-ils de travailler à se faire connaître et reconnaître pour regagner les clients qui ne fréquentaient plus le magasin historique en raison du manque cruel de places de parking à Berck Plage. Ils font réaliser un article dans le journal local, racontant l'histoire de *Direct Fruits*, pour capitaliser sur l'image de qualité du magasin historique (fruits et légumes achetés deux à trois fois par semaine directement sur le marché d'intérêt national – MIN – de Lomme près de Lille, conseil à la clientèle, services à la demande, proposition de paniers garnis…) et indiquer qu'un second magasin est ouvert en centre-ville avec possibilité de stationnement. L'effet est immédiat et de nombreux consommateurs locaux, désireux d'avoir de bons produits, viennent tester le nouveau magasin, notamment pour les fêtes de fin d'année.

« En évitant les intermédiaires et en choisissant nous-mêmes la marchandise, nous pouvons proposer à nos clients des produits dont nous sommes sûrs de la qualité et nous pouvons également maîtriser nos prix de vente. »

Dans un premier temps, le chiffre d'affaires du nouveau magasin représentait 30 à 50 % de celui du magasin historique. Aujourd'hui, avec une évolution propre de 15 %, le CA du nouveau magasin est identique, voire supérieur en basse saison, au premier qui conserve toujours la prépondérance en période estivale (ce qui conforte l'idée de complémentarité des deux points de vente pour faire prospérer l'entreprise). « *En évitant les intermédiaires et en choisissant nous-mêmes la marchandise, nous pouvons proposer à nos clients des produits dont nous sommes sûrs de la qualité et nous pouvons également maîtriser nos prix de vente. Mais nous pensons aussi à d'autres pistes d'amélioration qui nous laissent espérer de nombreuses marges de progression.* »

En conclusion, Céline et Frédéric se félicitent de ne pas avoir cherché à faire des économies sur les honoraires de conseil juridique et comptable car « *leur soutien a été essentiel pour se retrouver dans les méandres des questions juridiques (adaptation des statuts), des relations avec l'administration (trois semaines initialement demandées par EDF pour remettre en route le compteur électrique !) et pour l'établissement du bilan prévisionnel !* ». Ils recommandent aussi d'être persévérant, de ne pas hésiter à parfois harceler les différents intervenants extérieurs et, une fois le commerce créé, de « *ne pas hésiter à rejoindre le groupement des commerçants locaux et le syndicat professionnel de chaque activité, très utiles pour se tenir au courant des modifications des lois et des nouveautés* ».

8 Vers une entreprise pérenne

VOTRE PROJET ENTRE DANS SA PHASE FINALE et vous allez bientôt devoir affronter l'« épreuve du feu ».

Pour réussir, vous devez réduire le plus possible la part d'improvisation et chercher dès maintenant à vous familiariser avec votre futur environnement. La connaissance des réglementations sociales et fiscales, le respect de la législation comptable et professionnelle mais aussi l'adoption de procédures de gestion rigoureuses et la planification de vos premières opérations de communication constituent les points de passage obligés pour vous développer de façon harmonieuse.

En règle avec le personnel

Les contrats de travail

Le Code du travail, certains textes législatifs et réglementaires, les conventions collectives et la jurisprudence imposent certaines conditions de forme et de fond aux contrats de travail. Dans ce cadre, les parties restent toutefois libres de négocier les modalités d'exercice de leur relation.

Les mentions obligatoires et les clauses négociables

Tous les contrats de travail doivent obligatoirement préciser :

- l'identité de l'employeur et du salarié ;
- l'initialisation et l'exécution de la relation (date du début du contrat, lieu de travail, règles régissant la période d'essai et son renouvellement, clauses concernant la fonction occupée par l'employé et sa qualification professionnelle, la durée du contrat, la convention collective dont relève éventuellement l'activité) ;
- la rémunération de l'employé (salaire de base, primes diverses, avantages en nature, partie variable, rémunération au forfait pour les cadres…) ;
- la cessation de la relation (durée de préavis en cas de démission ou de licenciement).

Les parties restent en revanche libres d'insérer dans le contrat qui les lie toutes les clauses particulières qu'elles jugent utiles à leur relation, à condition qu'elles ne soient pas contraires à l'ordre public (par exemple des clauses discriminatoires ou prévoyant un niveau de rémunération inférieur au Smic).

Dans le commerce de détail, les clauses fréquemment pratiquées portent sur :

- la non-concurrence pour éviter des détournements de clientèle si l'employé venait à s'établir à son compte à proximité de son ancien employeur ;
- la disponibilité des employés pour permettre le travail tous les jours de la semaine, le dimanche et les jours fériés ;
- les objectifs à réaliser notamment pour le personnel d'encadrement...

La durée du contrat

Les parties peuvent décider que leur relation contractuelle soit à durée indéterminée ou déterminée :

- le **contrat à durée indéterminée (CDI)** est la forme contractuelle de droit commun (art. 121-5 du Code du travail) la plus couramment utilisée par les acteurs sociaux. Sans terme défini, il ne prend fin, hors le cas très rare de force majeure, que par la volonté d'une des parties (démission, licenciement, départ en retraite du salarié) ou des deux (départ volontaire négocié).

  À noter que la loi de modernisation du marché du travail du 25 juin 2008 a introduit la rupture conventionnelle comme nouvelle forme de rupture du contrat de travail à durée indéterminée. Dans ce cas le salarié et son employeur concluent une convention de rupture, exclusive de la démission ou du licenciement, qui entérine la fin du contrat de travail entre les parties. Cette convention de rupture détaille les conditions de la cessation du contrat, notamment la date de fin de la relation contractuelle et le montant de l'indemnité spécifique de rupture conventionnelle qui ne peut être inférieur à celui de l'indemnité légale de licenciement.

- le **contrat à durée déterminée (CDD)** est une forme contractuelle (le terme CDD a été introduit par la loi n° 79-11 du 3 janvier 1979) strictement encadrée par la loi (art. L. 1221 du Code du travail). Les manquements aux règles légales font courir à l'employeur le risque de sanctions pénales accompagnées d'une requalification du contrat en CDI.

Les motifs justifiant l'embauche d'un salarié en CDD sont :
- le remplacement du chef d'entreprise ou de salariés absents, pour quelque motif que ce soit, ou ayant demandé à travailler temporairement à temps partiel ;
- le départ définitif d'un salarié avant la suppression de son poste ;
- les emplois saisonniers ou pour lesquels il est d'usage de recourir à un CDD (restauration, hôtellerie, spectacle...) ;
- les contrats conclus dans le cadre des mesures pour l'emploi ou la formation professionnelle ;
- l'attente de la prise de fonction d'un salarié nouvellement embauché ;
- l'accroissement temporaire de l'activité de l'entreprise.

Obligatoirement transmis au salarié dans les deux jours suivant son embauche, le CDD doit spécifier avec précision le motif de son utilisation et sa durée de validité (généralement 9 ou 18 mois, mais parfois 24 mois), et contenir obligatoirement un certain nombre de mentions liées aux conditions d'exécution (notamment les spécificités du poste de travail et la rémunération). S'il est conclu de date à date avec un terme certain, il peut être renouvelé une fois pour une durée qui peut être différente de la durée initiale du contrat. S'il est conclu sans terme certain, par exemple pour pourvoir au remplacement d'un salarié absent, il se termine *de facto* lorsque l'objet du contrat se réalise (dans cet exemple, le retour du salarié absent).

Le CDD ne peut être rompu sans indemnités que d'un commun accord entre les parties, ou à l'initiative du salarié qui a conclu par ailleurs un CDI. Hormis les cas de force majeure ou de faute grave du salarié, l'employeur qui rompt le contrat sans justification légale doit verser à son employé des dommages et intérêts dont le montant ne peut être inférieur au reliquat des rémunérations dues au salarié entre la date de la rupture anticipée et le terme contractuel. En contrepartie, le salarié qui rompt unilatéralement le contrat peut se voir demander en justice le versement de dommages et intérêts couvrant le préjudice subi par l'entreprise. Au terme contractuel du contrat, l'employeur doit verser au salarié, sauf cas particuliers, une indemnité de précarité soumise à cotisations sociales et équivalente à 10 % (limitée à 6 % si un accord d'entreprise ou un accord de branche le prévoit) de sa rémunération brute totale perçue pendant la durée du contrat (primes comprises et hors indemnité de congés payés).

Le temps de travail

L'employeur dispose d'un contingent d'heures supplémentaires fixé réglementairement à 180 heures par an et par salarié.

Que la relation contractuelle soit à durée indéterminée ou déterminée, le contrat peut porter sur un temps complet ou sur un temps partiel :

- le **contrat à temps complet** est la forme habituelle des contrats de travail. Il correspond soit à la durée légale du travail (35 heures hebdomadaires ou 1 607 heures par an), soit à la durée conventionnelle fixée au niveau de la branche ou de l'entreprise, lorsque cette durée est inférieure à la durée légale. Le recours aux heures supplémentaires permet de dépasser la durée légale et donne droit à une majoration de salaire et, sous conditions, à un repos compensateur.
- le **contrat à temps partiel** est une forme contractuelle qui ne peut dépasser la durée légale du travail. Il doit obligatoirement

mentionner la durée hebdomadaire ou mensuelle du travail, sa répartition par jour de la semaine ou entre les semaines de chaque mois, ainsi que les possibilités et la nature des modifications de cette répartition. Un contrat à temps partiel doit en outre spécifier les modalités de communication des horaires de travail et les conditions d'exercice des heures *complémentaires* (distinctes des heures *supplémentaires*, ces heures de travail sont effectuées en plus de la durée du travail prévue par le contrat de travail et rémunérées au même tarif que les heures normales) qui ne doivent pas, sauf exceptions, dépasser 1/10 de la durée contractuelle du temps de travail.

Synthèse sur les caractéristiques des principaux contrats

	CDI à temps complet ou à temps partiel	**CDD à temps complet ou à temps partiel**
Personnes concernées	16 ans et plus	16 ans et plus
Forme du contrat	Contrat écrit non obligatoire, mais vivement conseillé, pour temps complet	Contrat écrit obligatoire
Durée du contrat	Sans terme défini	Avec terme défini (renouvelable une fois) ou conditionné
Période d'essai	Ne peut excéder 2 à 4 mois, renouvelable une fois	1 mois maximum
Préavis de fin de contrat	Définie par le contrat ou la convention collective le plus souvent entre 1 et 3 mois	Aucun, sauf en cas d'embauche en CDI

Les contrats dédiés

Obéissant aux règles communes applicables aux contrats de travail, certains contrats sont cependant dédiés aux populations en difficultés d'accès à l'emploi. Ils incluent des dispositions spécifiques, d'ordre financier ou social, en vue de favoriser ou faciliter leur embauche :

- le **contrat de stage** permet d'employer un élève ou un étudiant de moins de 26 ans sans obligation de lui verser une gratification mensuelle si la durée d'emploi est inférieure à deux mois consécutifs. Au-delà, des franchises de cotisations patronales et salariales s'appliquent sur une partie de la gratification allouée ;
- le **contrat d'apprentissage** est un contrat, d'une durée de un à trois ans, par lequel l'employeur s'engage à assurer une formation professionnelle complète à un jeune travailleur de moins de 26 ans. Les entreprises qui embauchent un apprenti, notamment celles employant moins de 11 salariés, bénéficient de crédits d'impôt et de nombreuses exonérations de charges patronales (hors cotisations d'accident du travail) et salariales. Elles peuvent de plus, sous certaines conditions de taille et d'implantation, recevoir plusieurs primes d'embauche ;
- le **contrat unique d'insertion**, en vigueur depuis le 1er janvier 2010 en lieu et place du contrat initiative-emploi, est conclu à temps partiel ou à temps complet pour une durée indéterminée ou déterminée (6 mois minimum avec renouvellement possible dans la limite de 24 mois ou plus dans certains cas). L'entreprise doit donner un accompagnement professionnel à son employé (est éligible au CUI toute personne sans emploi, inscrite ou non au Pôle emploi et rencontrant des difficultés sociales et professionnelles

d'accès au marché du travail), mais peut prétendre à une aide financière de l'État pouvant atteindre 47 % du Smic brut par heure travaillée dans la limite de 35 heures hebdomadaires ;

- le **contrat de professionnalisation** est ouvert aux entreprises embauchant des jeunes de moins de 26 ans, mais aussi des bénéficiaires des minima sociaux (RSA, ASS, allocation pour adulte handicapé) ou des personnes éligibles au contrat unique d'insertion. L'entreprise s'engage à fournir une formation professionnelle couplée à un enseignement technique mais bénéficie, en contrepartie et sous conditions, de plusieurs avantages : primes à l'embauche, exonération de certaines cotisations patronales, remboursement plafonné des dépenses de formation.

La conjoncture aidant, ce volet connaît des évolutions et des remaniements fréquents et il est vivement conseillé de s'informer auprès de la DDTEFP, des CCI et de Pôle emploi.

Dans le même esprit, un panel d'aides et de primes complète ces dispositifs particuliers :

- la « **réduction Fillon** » accorde une diminution des cotisations patronales de Sécurité sociale (maladie-maternité, vieillesse, invalidité-décès, allocations familiales, accidents du travail) aux entreprises employant moins de 20 salariés. La diminution s'applique uniquement à la tranche de la rémunération inférieure à 1,6 fois le Smic et peut se cumuler, dans les mêmes conditions, avec l'aide provisoire instituée dans le cadre du plan pour favoriser la trésorerie des très petites entreprises (TPE de moins de 10 salariés). Ce cumul permet aux TPE de ne plus payer de charges patronales pour les embauches effectuées au Smic ;
- les **primes pour l'emploi de handicapés**, distribuées par l'Agence de gestion du fonds pour l'insertion professionnelle des

personnes handicapées, ont pour objet de compenser les surcoûts liés à leur emploi. Elles visent à favoriser leur embauche (prime à l'insertion allouée à l'entreprise comme à l'employé, prime initiative emploi pour les handicapés seniors), leur insertion durable (prime de contrat durable majorable en cas d'emploi d'un travailleur handicapé senior), leur apprentissage (aides complémentaires à celle apportée par l'État dans le cadre d'un contrat d'apprentissage) et leur professionnalisation (subventions forfaitaires versées à l'entreprise et à l'employé en cas de signature de contrat de professionnalisation). Des aides supplémentaires peuvent également être attribuées par l'AGEFIPH pour l'accessibilité des lieux de travail, l'aménagement des postes de travail et l'aide technique et matérielle.

Les formalités administratives d'embauche

Quand le créateur recrute un salarié lors du démarrage de son activité, la plupart des formalités administratives sont directement prises en charge par le CFE de rattachement. Si, en revanche, l'embauche d'un salarié intervient postérieurement à la création de l'entreprise, l'employeur doit accomplir lui-même les formalités de déclaration administrative. Deux dispositifs administratifs, l'un général et l'autre simplifié, coexistent aujourd'hui.

Le dispositif général

La **déclaration unique d'embauche (DUE)** a été créée pour faciliter les démarches administratives des employeurs. Elle est obligatoire, sauf utilisation du dispositif simplifié propre aux petites entreprises, et doit être adressée à l'Urssaf – par courrier RAR ou

La déclaration unique d'embauche comprend entre autres les documents suivants :
- *la demande d'immatriculation de l'employeur à la Sécurité sociale et à un centre de médecine du travail, en cas de première embauche ;*
- *la demande d'immatriculation du salarié à la Sécurité sociale ;*
- *la demande pour la visite médicale du salarié ;*
- *la demande d'affiliation du salarié au régime d'assurance chômage ;*
- *la liste des salariés pour le préétablissement de la déclaration annuelle des données sociales (DADS).*

via Internet et dans les huit jours précédant le recrutement - qui transmet ensuite les informations du dossier aux différents organismes concernés.

En plus de la DUE, l'employeur doit également :

- informer l'inspection du travail par lettre recommandée avec accusé de réception ;
- établir une lettre d'embauche ou un contrat de travail (obligatoire pour un CDD) ;
- procéder à l'immatriculation du salarié, qu'il soit cadre ou employé, à la caisse de retraite complémentaire qu'il aura choisie ;
- acquitter une taxe en cas d'embauche d'un salarié étranger hors Union européenne.

Par ailleurs, la déclaration unifiée de cotisations sociales (DUCS) permet à tout employeur :
- *d'une part d'obtenir le calcul des rémunérations et de l'ensemble des cotisations et contributions sociales dues ;*
- *d'autre part d'effectuer sous une forme unifiée les déclarations obligatoires et les paiements à l'Urssaf, aux caisses de retraite et de congés payés et à Pôle emploi.*

Le dispositif simplifié

Depuis le 1er avril 2009, le titre emploi service occasionnel et le service chèque emploi pour les très petites entreprises sont fusionnés et remplacés par le **titre emploi service entreprise (TESE)**. Il concerne les entreprises métropolitaines qui emploient moins de neuf salariés dont l'activité n'excède pas cent jours (consécutifs ou non) ou sept cents heures par an en contrats CDI, CDD ou occasionnels. Le TESE vise à simplifier non seulement les formalités administratives d'embauche (DUE, contrat de travail) mais aussi l'établissement du bulletin de paie et les déclarations et règlements des cotisations sociales. Son utilisation est possible par adhésion au site *letese.urssaf.fr*.

Les obligations consécutives à l'embauche

Lorsqu'un entrepreneur décide d'embaucher un salarié, il est également tenu de respecter un certain nombre d'obligations générales :

- ouvrir un registre du personnel contenant l'état-civil complet de chaque salarié et le contenu du lien contractuel (type de contrat, date d'entrée, emploi et qualification, titre d'autorisation de travail pour les étrangers) ;
- tenir un livre de paie reproduisant les mentions du bulletin de paie, ou conserver les doubles de bulletins de paie des cinq dernières années ;
- ouvrir un registre recensant les diverses interventions de l'inspection du travail ;
- afficher sur un panneau visible dans le lieu de travail les informations relatives au règlement intérieur, à la convention collective, aux horaires de travail, aux normes d'hygiène et de sécurité, aux coordonnées de la médecine du travail, des secours d'urgence et de l'inspecteur du travail.

En règle avec les impôts

L'impôt sur les bénéfices

La complexité apparente de cet impôt tient au fait que l'on confond souvent le mode de détermination des bénéfices et leur type d'imposition.

Le mode de détermination des bénéfices

Il dépend d'une part du statut juridique choisi et d'autre part de l'importance du chiffre d'affaires réalisé. On recense trois modes de détermination des bénéfices : la micro-entreprise, le réel simplifié, et le réel normal :

Les entreprises relevant du régime de la micro-entreprise ou du réel simplifié ont la liberté d'opter pour un autre régime réel. L'option, valable et irrévocable pour deux ans, doit être exercée avant le 1er février de l'année au titre de laquelle l'entreprise souhaite se placer sous un nouveau régime.

- la **micro-entreprise** laisse à l'administration la détermination du montant des bénéfices par application d'un abattement forfaitaire sur le chiffre d'affaires réalisé. Ce régime se caractérise par des obligations comptables et déclaratives simplifiées et par l'impossibilité de reporter les déficits éventuels. Il concerne uniquement les entreprises individuelles dont le chiffre d'affaires HT est en 2010 inférieur ou égal à 80 300 € en cas de vente de marchandises et à 32 100 € en cas de prestations de services commerciaux ou artisanaux. En cas de dépassement de ces seuils, la micro-entreprise continue de s'appliquer pour l'année en cours et l'année suivante à la condition de ne pas dépasser les limites de tolérance de 88 300 € et 34 100 € respectivement. Dans les cas contraires, l'entreprise perd le bénéfice du régime de la micro-entreprise.

- le **réel simplifié** permet à l'entreprise de déterminer ses bénéfices sur pièces justificatives tout en allégeant ses obligations comptables et déclaratives. Il s'applique aussi bien aux entreprises individuelles exclues du régime de la micro-entreprise qu'aux sociétés, si leur chiffre d'affaires HT est inférieur à 766 000 € en cas de vente de marchandises et à 261 000 € en cas de prestations de services commerciaux ou artisanaux.
- le **réel normal** est le régime dans lequel les bénéfices sont calculés sur pièces par l'entreprise elle-même, mais qui entraîne des obligations comptables et déclaratives complètes. Il s'applique obligatoirement à toutes les entreprises (individuelles ou sociétés) dont le chiffre d'affaires HT est supérieur à 766 000 € en cas de vente de marchandises et à 261 000 € en cas de prestations de services commerciaux ou artisanaux.

Pour les entreprises nouvellement créées, l'option pour le réel simplifié peut être exercée jusqu'à la date du dépôt de la première déclaration de résultats. Pour le réel normal, l'option est à exercer dans les trois mois du début de l'activité.

Le type d'imposition

Le type d'imposition - impôt sur les sociétés (IS) ou impôt sur le revenu des personnes physiques (IRPP) - dépend principalement du statut juridique choisi.

Dans le cas d'une entreprise individuelle, d'une EURL et, sur option expresse, d'une SARL de famille ou d'une SARL et d'une SAS créées depuis moins de cinq ans, les bénéfices sont assimilés aux revenus directs de l'entrepreneur, ou des associés et actionnaires au prorata de leur participation au capital, et sont soumis à l'IRPP. Les intéressés les portent donc directement dans la catégorie des *bénéfices industriels et commerciaux* de leur déclaration annuelle de revenus et supportent l'impôt au taux correspondant au barème de leur situation familiale :

- une SARL de famille doit être constituée entre parents en ligne directe (enfants, parents, grands-parents, etc.), entre frères et sœurs ainsi que leurs conjoints ou entre partenaires d'un Pacs ;
- une SARL et une SAS créées depuis moins de cinq ans doivent employer moins de 50 salariés, avoir un chiffre d'affaires annuel ou un total de bilan inférieur à 10 millions d'euros, des droits de vote détenus à hauteur de 50 % au moins par des personnes physiques et à hauteur de 34 % au moins par les dirigeants et les membres de leur foyer fiscal. Cette option valable pendant cinq exercices nécessite l'accord unanime des associés.

Cette option pour l'IRPP peut s'avérer intéressante si le premier exercice de la SARL ou de la SAS prévoit une perte que viendraient compenser d'autres revenus du foyer fiscal.

Dans les autres cas (SARL commune, SAS et EURL sur option ou si l'associé unique est une personne morale), les bénéfices sont soumis à l'IS au taux normal de 33,33 %. La société paie l'impôt en quatre acomptes trimestriels, puis le solde au plus tard le quatrième mois suivant la clôture de l'exercice. L'IS est calculé après déduction des rémunérations du ou des dirigeants qui restent, elles, soumises à l'IRPP dans la catégorie des *traitements et salaires*. Les entreprises nouvelles sont exonérées du versement des acomptes correspondant au premier exercice d'activité.

p. 207

Les entreprises soumises à l'IS, qui ont réalisé un chiffre d'affaires inférieur à 7 630 000 €, et dont le capital est entièrement libéré et est détenu à hauteur de 75 % par des personnes physiques, sont taxées au taux réduit de 15 % dans la limite des premiers 38 120 € des bénéfices réalisés.

Synthèse sur les types d'imposition

Impôt sur le revenu	Impôt sur les sociétés
Entreprise individuelle EURL SARL de famille (sur option expresse) SARL et SAS de moins de cinq ans (sur option expresse)	SARL SAS EURL (sur option expresse, ou en cas d'associé unique personne morale)

La taxe sur la valeur ajoutée

La taxe sur la valeur ajoutée (TVA) est un impôt indirect sur la consommation, collecté pour le compte de l'État par toutes les entreprises, qu'elles soient passibles de l'IRPP ou de l'IS. Ces entreprises facturent la taxe à leurs clients au taux de 19,6 % (taux normal) ou de 5,5 % (taux réduit) et, après l'avoir collectée, la reversent ensuite aux services fiscaux, déduction faite de la taxe payée sur leurs achats (TVA récupérable).

Les premiers mois d'activité d'une entreprise nouvelle se caractérisent, du fait des investissements initiaux et de la constitution du stock de départ, par un montant d'achat supérieur aux ventes et donc par un montant de TVA récupérable supérieur à la TVA collectée. Dans ce cas de figure, il est possible soit de reporter le crédit de TVA en déduction sur le paiement suivant, soit - sous certaines conditions - de demander au centre des impôts le remboursement de ce crédit.

TVA exigible =
TVA collectée – TVA récupérable

Les modalités d'application de cette règle générale varient cependant selon le régime fiscal de TVA dont relève l'entreprise. Il existe trois régimes fiscaux qui, en principe, suivent le mode de détermination des bénéfices :

p. 206

- la **franchise en base** s'applique de plein droit aux entreprises dont le chiffre d'affaires HT est en 2010 inférieur à 80 300 € en cas de vente de marchandises et à 32 100 € en cas

Quelques formules pour calculer rapidement la TVA

	Coefficient de conversion du prix TTC en prix HT	Exemple de calcul d'un prix HT à partir d'un prix TTC	Coefficient de conversion du prix TTC en montant TVA	Exemple de calcul de la TVA à partir du prix TTC
Taux normal 19,6 %	0, 836	Prix TTC = 150 € Prix HT = 150 × 0,836 soit 125,40 €	0,164	Prix TTC = 150 € Montant de TVA = 150 × 0,164 soit 24,60 €
Taux réduit 5,5 %	0, 948	Prix TTC = 150 € Prix HT = 150 × 0,948 soit 142,20 €	0,052	Prix TTC = 150 € Montant de TVA = 150 × 0,052 soit 7,80 €

de prestations de services commerciaux ou artisanaux, qu'elles soient soumises au régime de la micro-entreprise ou non. Ces entreprises n'appliquent pas la TVA sur leurs factures de vente et ne sont tenues à aucune déclaration, mais ne peuvent en contrepartie récupérer la TVA payée sur leurs achats et leurs investissements. En cas de dépassement de ces seuils, la franchise en base continue de s'appliquer pour l'année en cours et l'année suivante à la condition de ne pas dépasser les limites de tolérance de 88 300 € et 34 100 € respectivement. Dans les cas contraires, l'entreprise perd le bénéfice du régime de franchise en base et la TVA lui est appliquée à compter du premier jour du mois de dépassement (si l'entreprise bénéficie également du régime de la micro-entreprise, elle en perd automatiquement l'application) ;

En cas de franchise en base, les factures libellées en HT doivent porter la mention « TVA non applicable, article 293 B du CGI ».

- le **déclaratif simplifié** s'applique aux entreprises dont les chiffres d'affaires HT sont compris entre 80 300 € et 766 000 € en cas de vente de marchandises et entre 32 100 € et 261 000 € en cas de prestations de services commerciaux ou artisanaux, et le **déclaratif normal** aux entreprises dont les chiffres d'affaires sont respectivement supérieurs à 766 000 € et 261 000 €. Sur option, chacun de ces deux régimes est également ouvert aux entreprises relevant d'un régime inférieur. Cette option doit être exercée lors de l'enregistrement au CFE, ou ultérieurement auprès du centre des impôts du lieu d'activité. Elle prend effet le premier jour du mois au cours duquel elle est déclarée et engage pour un minimum de deux ans.

Attention, pour bénéficier du régime de la micro-entreprise, l'entreprise individuelle ne doit pas avoir opté pour un régime de TVA autre que la franchise en base.

Modalités de déclaration et de paiement de la TVA exigible dans les deux régimes déclaratifs

Déclaratif simplifié	Déclaratif normal
Déclaration et paiement de la TVA exigible se font trimestriellement, aux échéances d'avril, juillet, octobre et décembre, en se référant à l'impôt dû l'année précédente Les trois premiers acomptes représentent chacun 25 % du total et celui de décembre 20 %. Le solde éventuel est à verser lors du dépôt de la déclaration annuelle avant le 1er avril de l'année suivante si l'exercice se clôt au 31 décembre (sinon, cette déclaration doit être déposée dans les trois mois suivant la clôture de l'exercice) Les acomptes ne sont pas dus si la base de calcul est inférieure à 1 000 €, le paiement se faisant pour l'année entière au moment du dépôt de la déclaration annuelle	Déclaration et paiement de la TVA exigible se font mensuellement Lorsque la TVA exigible est inférieure à 4 000 € par an, possibilité d'opter pour des déclarations et paiements trimestriels

L'impôt forfaitaire annuel

À compter du 1er janvier 2011, l'impôt forfaitaire annuel (IFA) sera totalement supprimé. En 2010, seules les entreprises passibles de l'IS et dont le chiffre d'affaires majoré des produits financiers est supérieur à 15 000 000 euros, restent redevables de l'IFA. Son montant, déductible des bénéfices imposables, varie en fonction du chiffre d'affaires réalisé.

Montant de l'IFA en 2010

CA HT majoré des produits financiers issus des placements en banque des liquidités de l'entreprise (en euros)	Barème applicable
De 15 000 000 à 75 000 000 €	20 500 €
De 75 000 000 à 500 000 000 €	32 750 €
Égal ou supérieur à 500 000 000 €	110 000 €

La contribution économique territoriale

Cette contribution remplace la taxe professionnelle depuis le 1er janvier 2010. Elle se compose essentiellement d'une cotisation foncière des entreprises (CFE) assise sur la valeur locative des biens immobiliers passibles de la taxe foncière et, en cas d'imposition à la CFE, d'une cotisation sur la valeur ajoutée des entreprises (CVAE).

Toutes les entreprises réalisant un chiffre d'affaires inférieur à 500 000 € sont exonérées de la CVAE. En outre, les auto-entrepreneurs ayant opté pour le prélèvement fiscal libératoire peuvent, sous conditions, être également exonérés de la CFE.

En règle avec la législation

Les obligations comptables et les centres de gestion agréés

La législation impose à tout commerçant de produire un bilan et de tenir une comptabilité complète et régulière à partir d'un livre-journal, d'un grand-livre et d'un livre d'inventaire :

- le livre-journal enregistre, jour après jour et de façon chronologique, tous les mouvements affectant le patrimoine du magasin et toutes les opérations de vente et d'achat ;
- le grand-livre reprend l'ensemble de ces mouvements et opérations, et les ventile sur les différents comptes du plan comptable ;
- le livre d'inventaire recense l'ensemble des éléments constituant l'actif et le passif de l'entreprise.

En cas d'option pour le régime fiscal de la micro-entreprise les obligations comptables de l'entrepreneur individuel se limitent à la tenue d'un journal des recettes et d'un registre annuel des achats. Obligation lui est cependant faite de conserver l'ensemble des factures et des pièces justificatives de l'activité de l'entreprise.

Les entrepreneurs qui ne possèdent pas « la fibre comptable » peuvent se faire aider par des professionnels compétents : soit en faisant appel à un expert-comptable, soit en adhérant à un centre de gestion agréé (CGA). Ces centres ont principalement pour mission d'apporter aux entrepreneurs un conseil expert en gestion comptable, fiscale et sociale, mais aussi de les assister dans l'établissement de leurs liasses fiscales.

De plus, si l'entreprise relève de l'IRPP et du régime du réel, une inscription à un CGA permet de bénéficier d'avantages fiscaux importants :

- exemption, pour le calcul de l'impôt, de la majoration de 25 % qui frappe les non-adhérents ;

- déduction totale du salaire du conjoint salarié pour les entrepreneurs mariés sous le régime de la communauté réduite aux acquêts ;
- exonération de pénalités et de majorations fiscales en cas de déclaration spontanée aux services fiscaux d'erreurs contenues dans les déclarations ;
- abattement annuel de 915 € pour les frais d'adhésion et de tenue de comptabilité.

À compter du 1er janvier 2010, les bénéfices des entreprises qui utilisent les services d'un expert-comptable ayant signé une convention avec les services de l'administration fiscale ne sont plus majorés de 25 %.

En contrepartie des avantages fiscaux obtenus du fait de l'adhésion à un CGA, il est nécessaire de s'engager à se conformer aux règles comptables en vigueur dans le secteur d'activité de l'entreprise et à observer une totale transparence vis-à-vis des demandes d'information formulées.

Les obligations professionnelles

L'activité de commerçant requiert de respecter un certain nombre d'obligations légales qui concernent principalement la sécurité, l'hygiène et la réglementation des prix.

En matière de sécurité, plusieurs normes s'appliquent aux magasins de détail, hors centres commerciaux et boutiques pouvant accueillir moins de vingt personnes. Elles portent principalement sur l'organisation du local et sur l'information du public et du personnel :

- le local doit être doté d'une sortie d'au minimum 90 cm de large et d'extincteurs à eau pulvérisée - faciles d'accès et régulièrement entretenus - d'une capacité de 6 litres et à raison d'un extincteur par niveau et par surface de 300 m². Il convient également d'installer une signalétique d'évacuation indépendante et un système d'alarme incendie, et de s'attacher les services d'une entreprise de contrôle (liste consultable à la préfecture dont relève le magasin) qui procédera à la vérification périodique des installations et à leur suivi sur un registre de sécurité ouvert à cet effet. Préalablement à l'ouverture effective, le nouveau commerçant doit également faire parvenir à la mairie du lieu d'implantation du magasin un document précisant la nature de l'activité exercée et ses conditions d'exploitation, la structure du point de vente (matériaux utilisés pour le gros œuvre, aménagements intérieurs, décoration) et sa capacité d'accueil (clients et personnel), ainsi qu'une description du schéma sécuritaire mis en place (installations techniques, issues de secours, accessibilité des personnes handicapées, sécurité incendie et autres moyens de secours) ;

Un document récapitulatif d'évaluation des risques professionnels devra être réalisé et mis à la disposition de la commission de sécurité de la préfecture. Celle-ci a le pouvoir d'autoriser ou non l'ouverture du magasin.

- le public et le personnel doivent être informés par affichage des numéros d'appel des secours et des consignes d'évacuation à appliquer, conformément aux normes édictées par le Code du travail en matière d'aération, d'éclairage, de sécurité électrique et de prévention des incendies. L'emplacement des locaux techniques et des zones à risques doit pareillement être décrit dans un plan à remettre aux services de secours.

Un accident suite à un oubli peut engager la responsabilité civile et pénale de l'entreprise et de son dirigeant.

En matière d'hygiène, et si l'activité a trait à la fabrication, à l'entreposage et à la vente de produits alimentaires, le futur commerçant doit déposer auprès des services vétérinaires de la préfecture du lieu d'implantation de son magasin une déclaration préalable permettant de vérifier que les agencements du local sont en conformité avec les normes en vigueur.

Enfin, s'agissant de la réglementation des prix, la législation impose que les prix pratiqués soient affichés sous une forme claire et visible, et en accord avec les normes propres à chaque activité. Cette obligation concerne notamment les soldes et les promotions. Les cours de change et le montant des commissions perçues doivent également être à la lecture de tous et, dans le même esprit de transparence, les bandes de facturation issues des caisses enregistreuses et faisant apparaître la TVA doivent être conservées.

En règle avec la gestion

Se doter d'un système de pilotage pertinent

Quelles que soient les aptitudes du créateur dans le domaine de la vente, rien de durable ne peut être réalisé sans un minimum de rigueur dans la gestion. Si les causes d'échec des entreprises sont multiples, des charges fixes et des frais généraux élevés sont souvent à l'origine de nombreuses défaillances. Que survienne un retournement subit du marché et l'équilibre économique du magasin peut être mis à mal.

Une gestion sans faille ne doit pas être synonyme de gestion froide et déshumanisée. Tant avec les clients, qu'avec les fournisseurs et les employés, il faut toujours privilégier les relations de confiance et adopter une attitude positive.

La mise en place d'un système de contrôle rigoureux permet d'éviter cet écueil et de vérifier que la progression de l'activité s'opère en cohérence avec les objectifs fixés. Dans un magasin de détail, ce système doit au minimum comprendre un ensemble d'indicateurs regroupés en un tableau de bord et un plan glissant de trésorerie.

Le tableau de bord

Le tableau de bord sert à suivre les réalisations par rapport aux prévisions, repérer les écarts éventuels et engager rapidement les actions correctrices. Pour être efficace et facilement utilisable, il doit comprendre un nombre limité d'indicateurs simples, significatifs et pour lesquels on peut rapidement obtenir les données sur les opérations réalisées par période (semaine, mois).

Dans un magasin de détail, les indicateurs de base concernent :

- les ventes de produits, en quantité et en valeur ;
- le nombre d'impayés ;
- le niveau des stocks et les quantités achetées ;
- le montant des frais généraux et des autres charges fixes.

Le plan glissant de trésorerie

Comme dans toute entreprise, la trésorerie d'un magasin de détail constitue le « nerf de la guerre ». Le plan glissant de trésorerie a pour objet de suivre les encaissements et les décaissements afin d'anticiper les écarts éventuels et de trouver les moyens de les couvrir.

Pour le construire, il faut reprendre les sommes portées au plan de trésorerie de l'étude financière et répartir celles des six premiers mois par périodes significatives (semaines, quinzaines, mois). Si des écarts par rapport aux sommes planifiées apparaissent, il faut en rechercher les causes (dépenses imprévues, retard de déblocage

Les indicateurs du tableau de bord sont une des voies pour expliquer les différences entre la trésorerie planifiée et la trésorerie réelle.

d'un prêt, ventes non réalisées ou supérieures aux prévisions, impayés...), prendre des mesures correctrices et réunir les meilleurs moyens de les financer :

- augmentation des capitaux propres ;
- négociation de délais de paiement avec les fournisseurs ;
- autorisation de découvert bancaire ou de facilité de caisse ;
- etc.

Adopter une organisation sans laxisme

Qu'il s'agisse de l'organisation de l'espace de vente ou de celle du travail, certaines règles de base doivent également être respectées pour assurer un bon niveau de performance globale.

L'organisation de l'espace de vente

Pour bien présenter l'offre de produits, l'espace de vente doit comprendre :

- une vitrine, qui présente les produits sous la forme d'un « questionnement » (mise en valeur de quelques produits représentatifs de l'offre), d'un catalogue (ensemble des produits) ou d'un univers (présentation des produits autour d'un thème) ;
- une signalétique intérieure, qui renseigne et aide à la vente (les tableaux d'information, les affichettes, les bannières et les panneaux indicateurs doivent être déclinés au travers d'une même charte graphique) ;
- un éclairage, une musique d'ambiance et un mobilier qui créent une atmosphère spécifique et accueillante.

En plus de ces quelques éléments de base, il est aussi indispensable de mettre en place un merchandising fonctionnel et personnalisé afin que les clients s'approprient et mémorisent facilement l'emplacement des produits. Il convient d'éviter les alignements uniformes et au contraire de privilégier les ruptures pour faire du magasin un lieu identifiable et attractif :

- réserver les zones arrière aux produits permanents que les clients viennent spécialement chercher dans le magasin, et affecter aux nouveaux produits celles situées à proximité de l'entrée ;

La rupture de l'espace de vente en zones facilement identifiables par des séparations virtuelles (meubles placés en îlots) crée un foisonnement attractif.

- alterner les présentations sans cependant déroger au schéma de répartition logique attendu des prospects.

L'organisation du travail

Pour convaincre les prospects, il ne suffit pas de bien présenter les produits. Il faut aussi offrir aux clients un service de qualité qui aille au-delà d'un simple sourire de convenance et qui inclut au minimum :

- des vendeurs motivés et disponibles, formés à l'offre du magasin et sachant conseiller les clients sans agressivité et dans un langage clair et accessible ;
- un véritable confort d'achat (large amplitude horaire d'ouverture, facilités d'échange et de reprise des produits, facilités de paiement, linéaires achalandés, propreté irréprochable...).

Au-delà du volet opérationnel, une attention constante doit être également portée à l'organisation du travail administratif, par exemple

Un nombre peu élevé de réclamations n'est pas toujours un signe de satisfaction : en cas de mauvais service réel ou supposé, en moyenne seulement 4 % des clients se plaignent, tandis que 90 % ne se manifestent jamais et sont souvent perdus.

à l'établissement, au classement et à l'archivage des documents (comme les bons de caisse, les factures, les états de commande...), au contrôle de la régularité des livraisons et de la qualité des produits livrés, au suivi des retours et des annulations, à la gestion des réclamations.

Réussir à se faire connaître rapidement

Les techniques de communication à la disposition du commerçant sont aujourd'hui nombreuses : encarts publicitaires, marketing direct, création d'événements, etc. Encore faut-il savoir les utiliser à bon escient.

Les encarts publicitaires

Même s'ils sont chers, les encarts publicitaires dans la presse écrite se révèlent utiles, surtout lors du démarrage de l'activité. La presse locale, qui s'adresse à un large public sur un territoire bien délimité, convient tout à fait, tout comme les magazines thématiques ou les journaux d'annonces gratuits qui permettent de toucher un très large public grâce à une grande diffusion.

Le marketing direct

Moins coûteux que les encarts publicitaires, le marketing direct est sans aucun doute l'outil de communication à privilégier, particulièrement lors des premiers mois d'ouverture. Il peut être, en fonction des supports, différencié ou indifférencié.

Les supports différenciés sont des messages nominatifs envoyés à des prospects ciblés, dans le but de recevoir une réponse rapide à la sollicitation émise (un coupon-réponse est le plus souvent joint à l'envoi) :

Même si les résultats d'un publipostage peuvent être multipliés par douze s'il est couplé à une bonne relance téléphonique, cette solution reste onéreuse. Il faut compter de 600 € à 700 € pour la réalisation de 10 000 exemplaires d'une brochure personnalisée de qualité, auxquels il faut ajouter au moins 400 € de frais de distribution.

- le **publipostage** consiste à adresser un dépliant, une brochure ou un catalogue accompagné d'une lettre personnalisée : le texte doit être adressé à une personne clairement identifiée, rédigé dans un style direct, simple et compréhensible et contenir une proposition commerciale claire et attrayante en termes de prix, de qualité, d'innovation et de facilité d'acquisition ;
- le **télémarketing**, les **SMS** et l'**e-mailing** sont des techniques plus récentes qui connaissent aujourd'hui un taux élevé d'utilisation. Ils supposent cependant d'acquérir des fichiers, surtout pour l'e-mailing.

L'e-mailing permet de procéder à des envois en masse (500 000 messages en une heure), pour un coût d'envoi peu élevé. Comptez un budget de 2 000 €. Ce support est particulièrement bien adapté aux campagnes événementielles (soldes, ouverture...), de prospection ou de fidélisation de la clientèle.

Les supports indifférenciés sont distribués en plus grand nombre et à un public non sélectionné :

- les **prospectus** sont placés sous les essuie-glaces des voitures ou distribués dans les rues. Peu chers, ils offrent un taux de retour de l'ordre de 3 %, pour peu que l'on prenne la peine de ne pas les diffuser de façon anarchique, mais de choisir intelligemment les heures et la fréquence de distribution et surtout l'accroche du message (graphisme, taille, couleur, etc.) ;
- les ***flyers***, ou imprimés sans adresse, sont distribués dans les boîtes aux lettres. En utilisant les techniques de géomarketing

La création, l'impression et la distribution de 5 000 flyers *coûtent environ 600 €*
Pour accroître la crédibilité de l'entreprise, il convient d'insérer des témoignages de clients ou de personnalités connues.

(sélection de quartiers ou de rues sur la base de critères précis liés au profil de la clientèle visée), il est possible de s'adresser à des cibles mieux définies et de générer de fait des taux de retour plus importants.

Le texte des prospectus et des *flyers* est déterminant. Il doit énoncer brièvement les produits et les services proposés, et indiquer de façon très visible l'adresse et le numéro de téléphone du magasin, et éventuellement le lien avec le site Internet.

La communication en réseaux

Au-delà des encarts publicitaires et du marketing direct, il est aussi possible de communiquer en s'appuyant sur des prescripteurs extérieurs :

- la visite des autres commerçants du quartier pour les informer de l'ouverture du magasin reste une très bonne méthode pour faire parler de soi ;
- les opérations de parrainage permettent de toucher des franges de clientèle qui sortent des circuits habituels de prospection. Ce système est fondé sur la rémunération, sous forme de primes, de bons de réduction ou de points d'achat, de tout client qui fournit les coordonnées d'une de ses connaissances. Ce système est coûteux surtout en phase de démarrage, mais il n'est pas à négliger, car il contribue à l'élargissement du potentiel de clientèle à moyen terme ;
- l'organisation de rencontres avec une personnalité connue est un excellent moyen pour créer un événement ;

- les articles publiés dans les journaux locaux ou les magazines spécialisés sont toujours synonymes de fréquentation élevée. Un interview par un journaliste doit être préparé de façon professionnelle, avec constitution d'un dossier de presse incluant photos et quelques textes clairs et attractifs sur le concept et le contenu de l'offre.

Avec un budget de 5 000 € à 6 000 €, il est possible de s'adjoindre les services d'une agence de presse qui contribuera à faire parler de l'entreprise dans les journaux et magazines.

En offrant au prospect la possibilité de poser des questions sur les produits exposés, un site Internet peut être un moyen pratique d'alimenter et d'enrichir un fichier clients.

Les sites Internet

Les sites Internet sont aujourd'hui largement utilisés pour présenter un point de vente, sa localisation et son offre. Ils peuvent être strictement informatifs ou marchands. Ces derniers vont au-delà de la simple communication et constituent en fait des vecteurs décisifs pour vendre en dehors de la zone naturelle de chalandise.

Les Abeilles

Vente de miels de qualité
et de matériel pour l'apiculture
21, rue de la Butte-aux-Cailles
75013 Paris

Rien ne prédisposait Jean-Jacques Schakmundès à ouvrir un magasin, si ce n'est un fort besoin de se remettre en question en se lançant dans une nouvelle activité professionnelle.

« *Je devais pour réussir me différencier d'abord de l'offre banalisée de la grande distribution.* »

À un peu plus de cinquante ans, son métier de traducteur français-anglais pour des maisons d'édition et des organisations internationales comme la FAO ou l'OMS lui procure un bon niveau de revenus, mais ne le satisfait plus comme à ses débuts. Sa passion pour l'apiculture occupe une part sans cesse plus importante de son temps et de ses réflexions, et l'idée de développer une activité professionnelle dans ce secteur s'impose à lui de façon naturelle.

Mais que faire précisément ? Jean-Jacques possède bien un rucher dans le bois de Vincennes en limite de Paris, mais l'emplacement ne peut être agrandi pour contenir le parc moyen de trois cents ruches nécessaire à une entreprise professionnellement rentable. De plus, Jean-Jacques n'envisage pas de quitter la capitale dans laquelle se trouvent sa famille et ses relations. En réalité, l'ouverture d'un magasin lui apparaît bien vite comme une évidence : non seulement il n'existe pas de boutique de détail spécialisée dans la vente de miels, mais les nombreux – quoi qu'on puisse en penser ! – apiculteurs amateurs de l'Île-de-France ne disposent pas d'un fournisseur local auprès duquel s'approvisionner en matériel et équipements divers.

« Je n'ai pas vraiment fait d'étude de marché formelle, j'ai juste élaboré quelques chiffres prévisionnels. En toute logique, je devais, pour réussir, me différencier d'abord de l'offre banalisée de la grande distribution et proposer, au contraire, un choix de miels variés et de grande qualité : des variétés issues de différentes flores non seulement françaises

(rhododendron, bourdaine, framboisier, houx, menthe, mimosa...), mais également étrangères (caféier, tupelo, palétuvier...). J'ai en outre pris la décision de distribuer simultanément tout le matériel utilisé aux ruchers (corps de ruches, cadres et cire gaufrée, vêtements, essaims, extracteurs, etc.). Cela me donnait l'opportunité d'équilibrer les cycles de vente (le miel s'achète plutôt en hiver alors que le printemps et l'été sont des saisons d'intense activité pour les apiculteurs), tout en me dotant d'une identité forte de connaisseur. »

Une fois sa décision prise, Jean-Jacques crée une SARL et recherche un local adapté. Il désire un emplacement ni trop loin du centre de la ville, ni trop éloigné du boulevard périphérique extérieur, de façon à faciliter l'accès à son magasin pour ses futurs clients et amis apiculteurs. Son choix se porte rapidement sur un local de 20 m^2 de surface de vente, et autant pour les réserves, situé dans le quartier historique de la Butte-aux-Cailles. Ce dernier possède toujours l'ambiance de village traditionnel qu'il avait au temps de la Commune de Paris. Jean-Jacques signe un bail 3/6/9 ans sans pas-de-porte, dont le loyer actuel est de 2 100 € par trimestre.

L'aménagement et la décoration du magasin ont été conçus par le créateur lui-même pour traduire son caractère passionné.

L'aménagement et la décoration du magasin ont été conçus par le créateur lui-même pour traduire son caractère passionné (et éclairé) et s'inscrire dans l'esprit pittoresque du quartier. Des meubles en bois sombre et de qualité, pour la présentation des miels et de la confiserie, côtoient des ruches, des combinaisons de protection, des livres et de la quincaillerie pour le travail au rucher. On est volontairement loin d'un univers de produits de luxe. Le budget total de cette installation et du stock de démarrage s'est d'ailleurs élevé à un peu moins de 16 000 €, entièrement financé par apport personnel.

Le démarrage a été progressif, mais la notoriété du magasin n'a cessé de croître au fil des années grâce à la qualité et la richesse des produits et services commercialisés (pour répondre à la vogue de défense des abeilles, le magasin propose depuis peu l'installation de ruches chez les particuliers), et en raison de la démarche pédagogique de son gérant. Le chiffre d'affaires s'est élevé à 150 000 € en 2009, provenant pour moitié de la vente de miel et pour l'autre de la vente de matériel d'apiculture et d'objets cadeaux (sacs, tabliers et cuillers à miel en verre réalisées par le patron) griffés à l'enseigne *Les Abeilles*.

La boutique est maintenant connue non seulement en France (*via* la presse quotidienne, les magazines, les guides touristiques et gastronomiques, la télévision) mais aussi au-delà des frontières, en particulier d'une clientèle assidue et toujours fidèle de touristes japonais.

« Je ne me suis pas lancé pour faire un coup commercial, mais pour durer. »

« Si c'était à refaire, je recommencerais sans hésitation. » Pourtant, Jean-Jacques Schakmundès reconnaît qu'il a dû changer de style de vie. Il était libre de gérer son temps quand il était traducteur indépendant, et a dû s'imposer des horaires de présence étendus (de onze heures à dix-neuf heures sans interruption, du mardi au samedi). Par ailleurs, le contact avec la clientèle l'a surpris, lui qui n'avait aucune expérience commerciale. S'il a su éviter les pièges du néophyte, c'est sans doute grâce à sa prudence et à sa démarche réfléchie. *« Je ne me suis pas lancé pour faire un coup commercial, mais pour durer »*, dit-il. Et à l'exception de l'achat d'une fourgonnette payée comptant à l'ouverture de son magasin (au lieu de retenir une formule de crédit-bail), il ne pense pas avoir fait d'erreur majeure de gestion.

Où trouver l'information ?

9

Bibliographie

Ouvrages APCE sur la création d'entreprise

- *Fiches professionnelles* (mises à jour régulières).
- *Créer ou reprendre une entreprise*, APCE, Éditions d'Organisation, 2010.
- *Financer votre création d'entreprise*, APCE, Éditions d'Organisation, 2006.
- *Le guide de la micro-entreprise*, Laurence Piganeau et APCE, Éditions d'Organisation, 2010.
- *Quel statut pour mon entreprise ?* APCE, Éditions d'Organisation, 2008.
- *Réaliser votre étude de marché*, Élisabeth Vinay et APCE, Éditions d'Organisation, 2009.

Ouvrages sur le commerce en magasin

- *Les nouveaux magasins de détail*, Jean Marc Bruguière et Alfred Scardina, Éditions du Puits Fleuri, 2006.
- *Comment gérer votre magasin*, Robert Raspati et Alain Chevbaum, Éditions du Puits Fleuri, 2002.
- *Créer ou reprendre un commerce*, Jean-Pierre Thiollet, Vuibert, 2007.
- *Créer son commerce*, Pascal Madry, Dunod, 2006.
- *J'ouvre mon magasin*, Gilbert Spaletta, L'Harmattan, 2007.
- *Vente au détail*, Richard Vairez, De Boeck-Wesmael, 2001.

Les organismes professionnels

Organisations généralistes

- APCM, Assemblée permanente des chambres de métiers

  12, avenue Marceau, 75008 Paris
  Tél. : 01 44 43 10 00 - www.artisanat.fr

- ACFCI, Assemblée des chambres françaises de commerce et d'industrie

  46, avenue de la Grande-Armée, 75017 Paris
  Tél. : 01 40 69 37 00 - www.acfci.cci.fr

- CGAD, Confédération générale de l'alimentation de détail

  56, rue de Londres, 75008 Paris
  Tél. : 01 44 90 88 44 - www.cgad.fr

- COE-REXECODE, Centre d'observation économique de la CCI de Paris

  29, avenue Hoche, 75008 Paris
  Tél. : 01 53 89 20 89 - www.coe-rexecode.fr

- CCF, Conseil du commerce de France

40, boulevard Malesherbes, 75008 Paris
Tél. : 01 40 15 03 03 - www.cdcf.com

- DECAS, Direction des entreprises commerciales, artisanales et de services

3-5, rue Barbey-de-Jouy, 75353 Paris Cedex 07
Tél. : 01 43 19 24 44 - www.pme.gouv.fr

- FCD, Fédération des entreprises du commerce et de la distribution

12, rue Euler, 75008 Paris
Tél. : 01 44 43 99 00 - www.fcd.asso.fr

- FECA, Fédération des enseignes du commerce associé

77, rue de Lourmel, 75015 Paris
Tél. : 01 44 37 02 00 - www.commerce-associe.fr

- FFF, Fédération française de la franchise

9, rue Alfred-de-Vigny, 75008 Paris
Tél. : 01 53 75 22 25 - www.franchise-fff.com

Fédérations métiers

- CFBCT, Confédération française de la boucherie charcuterie traiteur

98, boulevard Pereire, 75850 Paris Cedex 17
Tél. : 01 40 53 47 50 - www.boucherie-france.org

- CNBP, Confédération nationale de la boulangerie-pâtisserie française

27, avenue d'Eylau, 75116 Paris
Tél. : 01 53 70 16 25 - www.boulangerie.org

- CNCH, Confédération nationale du commerce horticole

22, rue Esquirol, 75013 Paris
Tél. : 01 44 24 96 97 - www.fnmj.com

- CNCT, Confédération nationale des charcutiers traiteurs

15, rue Jacques-Bingen, 75017 Paris
Tél. : 01 44 29 90 55 - www.artifrance.fr/cnctchefs

- CNGF, Confédération nationale des glaciers de France

64, rue Caumartin, 75009 Paris
Tél. : 01 48 74 72 28 - www.artifrance.fr/cngf

- CCCF, Confédération des chocolatiers et confiseurs de France

64, rue Caumartin, 75009 Paris
Tél. : 01 42 85 18 20 - www.chocolatiers.fr

- CPDHBJO, Comité professionnel de développement de l'horlogerie, de la bijouterie, de la joaillerie et de l'orfèvrerie

22, avenue Franklin-Roosevelt, 75008 Paris
Tél. : 01 53 77 29 00 - www.cpdhbjo.com

- FEBPF, Fédération des entreprises de boulangerie et pâtisserie françaises

2, rue de Châteaudun, 75009 Paris
Tél. : 01 53 20 70 38 - www.febpf.fr

- FEDELEC, Fédération nationale des chambres syndicales d'artisans et de commerçants professionnels de l'électricité et de l'électronique

1, place Uranie, 94345 Joinville-le-Pont
Tél. : 01 43 97 31 30 - www.fedelec.fr

- FNPD, Fédération nationale des parfumeurs détaillants

14, terrasse Bellini, 92807 Puteaux Cedex
Tél. : 01 47 78 00 44

- FEB, Fédération Française de l'équipement du bureau

12, rue des Pyramides, 75001 Paris
Tél. : 01 42 96 38 99 - www.f-e-b.fr

- FMB, Fédération des magasins de bricolage

5, rue Maubeuge, 75009 Paris
Tél. : 01 42 82 15 00 - www.fmbricolage.org

- FNAEM, Fédération française du négoce, de l'ameublement et de l'équipement de la maison

59, rue Saint-Lazare, 75009 Paris
Tél. : 01 42 85 87 55 - www.fnaem.fr

- FNCI, Fédération nationale des cavistes indépendants

177, avenue Charles-de-Gaulle, 92200 Neuilly-sur-Seine
Tél. : 01 46 37 53 30 - www.caviste-independant.com

- FNHBJO, Fédération nationale de l'horlogerie, de la bijouterie, de la joaillerie et de l'orfèvrerie.

249, rue Saint-Martin, 75003 Paris
Tél. : 01 44 54 34 00 - www.fedehbjo.com

- FNDE, Fédération nationale de l'épicerie

5, rue des Reculettes, 75013 Paris
Tél. : 01 55 43 31 75 - www.fnde.com

- FNFF, Fédération nationale des fleuristes de France

17, rue Janssen, 75019 Paris
Tél. : 01 40 40 25 00 - www.fnff.fr

- FNH, Fédération nationale de l'habillement

9, rue des Petits-Hôtels, 75010 Paris
Tél. : 01 42 02 17 69 - www.federation-habillement.fr

- FFPB, Fédération française des pressings et blanchisseries

21, rue Jean-Poulmach, 75010 Paris
Tél. : 01 42 01 85 08 - www.ffpb.fr

- FPS, Fédération professionnelle des entreprises du sport et des loisirs

109, rue du Faubourg-Saint-Honoré, 75008 Paris
Tél. : 01 44 70 77 90 - www.boutique.filieresport.fr

- SLF, Syndicat de la librairie française

38, rue du Faubourg-Saint-Jacques, 75014 Paris
Tél. : 01 53 62 23 10 - www.syndicat-librairie.fr

- SNCAO, Syndicat national du commerce de l'antiquité et de l'occasion

18, rue de Provence, 75009 Paris
Tél. : 01 47 70 88 78 - www.sncao-syndicat.com

- SYNARDIS, Syndicat national des distributeurs spécialisés de produits biologiques et diététiques

5, rue des Reculettes, 75013 Paris
Tél. : 01 55 43 31 79 - www.synardis.org

- UNDP, Union nationale des diffuseurs de presse

16, place de la République, 75010 Paris
Tél. : 01 42 40 27 15 - www.unionpresse.fr

Financements et aides

- ADIE, Association pour le droit à l'initiative économique

4, boulevard Poissonnière, 75009 Paris
Tél. : 08 00 80 05 66 - www.adie.org

- AFIC, Association française des investisseurs en capital

23, rue de l'Arcade, 75008 Paris
Tél. : 01 47 20 99 09 - www.afic.asso.fr

- AGEFIPH, Association de gestion du fonds pour l'insertion professionnelle des personnes handicapées

192, avenue Aristide-Briand, 92226 Bagneux Cedex
Tél. : 08 11 37 38 39 - www.agefiph.fr

- Réseau Racines

8, rue des Mariniers, 75014 Paris
Tél. : 01 53 79 07 61 - www.racines-clefe.com

- Cigales

61, rue Victor-Hugo, 93500 Pantin
Tél. : 01 49 91 90 91 - www.cigales.asso.fr

- Finansol

58, rue Regnault, 75013 Paris
Tél. : 01 53 36 80 60 - www.finansol.org

- Fonds solidaire pour les initiatives

06, rue du Bac, 75341 Paris Cedex 07
Tél. : 01 45 49 73 01 - www.secours-catholique.org

- France active

120, rue Réaumur, 75002 Paris
Tél. : 01 53 24 26 26 - www.franceactive.org

- France Initiative

55, rue des Francs-Bourgeois, 75181 Paris Cedex 04
Tél. : 01 40 64 10 20 - www.france-initiative.fr

- Garrigue

61, rue Victor-Hugo, 93500 Pantin
Tél. : 01 48 44 74 03 - www.garrigue.net

- IDES/FGIF

10/12, rue des Trois-Fontanots, 92000 Nanterre
Tél. : 01 55 23 07 00 - www.esfin-ides.com

- Love Money

10, rue Montyon, 75009 Paris Cedex
Tél. : 01 48 00 03 35 - www.love-money.org

- NEF, Nouvelle Économie fraternelle

114, boulevard du 11-novembre-1918, 69626 Villeurbanne Cedex
Tél. : 0811 90 11 90 - www.lanef.com

- Oséo

27/31, avenue du Général-Leclerc, 94710 Maisons-Alfort Cedex
Tél. : 01 41 79 80 00 - www.oseo.fr

- Paris initiatives entreprises

68, boulevard Malesherbes, 75008 Paris
Tél. : 01 53 04 02 62 - www.parinitiativentreprise.com

- Réseau entreprendre

50, boulevard du Général-de-Gaulle, 59100 Roubaix
Tél. : 03 20 66 14 66 - www.reseau-entreprendre.org

- SIAGI, Société interprofessionnelle artisanale de garantie d'investissements

2, rue Jean-Baptiste-Pigalle, 75009 Paris
Tél. : 01 48 74 54 00 - www.siagi.com

- SOCAMA, Sociétés de cautionnement mutuel artisanales

www.socama.com

Formalités administratives et renseignements sur la création d'entreprise

- Les Boutiques de gestion

14, rue Delambre, 75014 Paris
Tél. : 01 43 20 54 87 - www.boutiques-de-gestion.com

- APCE, Agence pour la création d'entreprises

14, rue Delambre, 75014 Paris
Tél. : 01 42 18 58 58 - www.apce.com

- APEC, Association pour l'emploi des cadres

51, boulevard Brune, 75689 Paris Cedex 14
Tél. : 08 10 80 58 05 - www.apec.fr

- Cité des métiers

30, avenue Corentin-Cariou, 75930 Paris Cedex 19
Tél. : 01 40 05 75 77 - www.citedesmétiers.com

- CNJE, Confédération nationale des juniors entreprises

6, rue des Immeubles-industriels, 75011 Paris
Tél. : 01 43 70 26 56 - www.junior-entreprises.com

- DDTEFP, Direction départementale du travail, de l'emploi et de la formation professionnelle

210, quai de Jemmapes, 75010 Paris
Tél. : 01 44 84 41 00 - wwwtravail-solidarite.gouv.fr

- DRIRE, Direction régionale de l'industrie, de la recherche et de l'environnement

10, rue Crillon, 75004 Paris
Tél. : 01 44 59 47 47 - www.drire.gouv.fr

- EGEE, Entente des générations pour l'emploi et l'entreprise

15, avenue de Ségur, 75007 Paris
Tél. : 01 47 05 57 71 - www.egee.asso.fr

- FCGA, Fédération des centres de gestion agréés

2, rue Meissonier, 75017 Paris
Tél. : 01 42 67 80 62 - www.fcga.fr

- NetPME

6, avenue Ferdinand-Lefebvre, 78300 Poissy
Tél. : 02 40 35 83 94 - www.netpme.fr

- SAJECE, Structure d'accueil juridique et comptable des entreprises

2, place de la Bourse, 75002 Paris
Tél. : 08 20 01 21 12 - www.ccip75.fr

Organismes sociaux

- Caisse nationale d'assurance vieillesse des professions libérales

102, rue de Miromesnil, 75008 Paris
Tél. : 01 44 95 01 40 - www.cnapvl.fr

- Régime général des travailleurs salariés (assurance-maladie)

26/50, avenue du Professeur-André-Lemierre,
75986 Paris Cedex 20
Tél. : 01 72 60 10 10 - www.ameli.fr

- Régime social des indépendants

264, avenue du Président-Wilson,
93457 La Plaine Saint-Denis Cedex
Tél. : 01 77 93 00 00 - www.le-rsi.fr

- Urssaf

3, rue Franklin, 93518 Montreuil Cedex
Tél. : 01 49 20 10 10 - www.urssaf.fr

Formation à la gestion d'entreprise

- AFPA, Association de formation professionnelle pour adultes

13, place du Général-de-Gaulle,
93108 Montreuil-sous-Bois Cedex
Tél. : 01 48 70 50 00 - www.afpa.fr

- Chambre des métiers de Paris

72, rue de Reuilly, 75592 Paris Cedex 12
Tél. : 01 53 33 53 33 - www.cm-paris.fr

- CIDJ, Centre d'information et de documentation jeunesse

101, quai Branly, 75740 Paris Cedex 15
Tél. : 01 44 49 12 00 - www.cidj.asso.fr

- Métiers Info

Hall de la gare Evry Courcouronnes,
BP 102, 91004 Evry Cedex
Tél. : 01 60 78 68 00 - www.metiers.info

- ONISEP, Office national d'information sur les enseignements et les professions

12, mail Barthélemy-Thimonnier,
77437 Marne-la-Vallée Cedex 2
Tél. : 01 64 80 35 00 - www.onisep.fr

Annexes

Le régime de l'auto-entrepreneur

Cadre juridique et conditions d'accès	Le choix du régime de l'auto-entrepreneur ne peut se faire que dans le cadre juridique de l'entreprise individuelle Il est ouvert, sauf aux pluriactifs non salariés, sous la condition de ne pas dépasser un certain seuil de chiffre d'affaires, soit pour 2010 : - 80 300 € pour une activité de vente de marchandises, d'objets, d'aliments à emporter ou à consommer sur place - 32 100 € pour une activité de prestations de services En cas d'activité mixte, le chiffre d'affaires global ne doit pas excéder 80 300 €, dont 32 100 pour les prestations de services. Si dépassement des seuils de chiffre d'affaires, les mêmes règles que pour la micro-entreprise s'appliquent
Cadre social	Le régime social est obligatoirement celui du microsocial dans lequel le montant des cotisations est calculé en appliquant un taux global au chiffre d'affaires HT réalisé mensuellement ou trimestriellement (en cas d'absence de chiffre d'affaires, rien n'est à déclarer ni à verser) : - 12 % pour les activités de vente de marchandises - 21,3 % pour les prestations de services commerciaux ou artisanaux relevant des bénéfices industriels et commerciaux Des taux de cotisation différents sont appliqués aux bénéficiaires de l'Accre et dans les départements d'outre-mer Attention, en l'absence de chiffre d'affaires sur une période de 36 mois civils ou de 12 trimestres civils consécutifs, l'auto-entrepreneur perd le bénéfice du régime microsocial et revient à la situation normale de l'entreprise individuelle
Cadre fiscal	L'auto-entrepreneur est obligatoirement soumis au régime fiscal de la micro-entreprise. Il peut cependant opter pour le régime micro-fiscal qui lui permet de payer l'impôt sur les bénéfices (IRPP) par prélèvement libératoire mensuel ou trimestriel calculé sur le chiffre d'affaires au taux de : - 1 % pour les activités de vente de marchandises - 1,7 % pour les prestations de services commerciaux ou artisanaux relevant des bénéfices industriels et commerciaux Ce système avantageux est réservé aux entrepreneurs dont le revenu global du foyer fiscal au titre de l'avant-dernière année est inférieur ou égal, pour une part de quotient familial, à 25 926 € pour 2010 (revenus de 2008). Ce plafond est majoré respectivement de 50 % ou 25 % par demi-part ou quart de part supplémentaire Concernant la TVA, l'auto-entrepreneur bénéficie de plein droit de la franchise en base .../...

.../...

Cadre fiscal	S'agissant de la contribution économique territoriale, l'auto-entrepreneur en est exonéré l'année de création, et les deux années suivantes s'il a opté pour le prélèvement fiscal libératoire
Modalités de création et d'enregistrement	Le créateur qui choisit le régime de l'auto-entrepreneur est dispensé d'immatriculation au RCS et de frais en cas d'activité commerciale (l'immatriculation au répertoire des métiers reste obligatoire en cas d'activité artisanale mais avec dispense de frais pendant 3 ans). Il doit juste remplir une simple déclaration d'activité sur papier auprès de son CFE, ou à distance sur le site *lautoentrepreneur.fr*, dans laquelle il formule notamment son option fiscale et choisit ses échéances de paiement mensuel ou trimestriel. Cette déclaration lui permet d'obtenir son numéro SIREN. Le CFE contacté se charge de communiquer les éléments au RSI, aux services fiscaux et à l'Urssaf Un dispositif simplifié existe pareillement en cas de modification ou de cessation d'activité
Environnement professionnel de l'auto-entrepreneur	L'auto-entrepreneur peut ne pas établir de comptes annuels mais simplement tenir un livre de recettes et un registre des achats, avec conservation des factures et pièces justificatives. La mention « *TVA non applicable, art. 293B du CGI* » doit être portée sur les factures émises Il n'est pas soumis au versement de la contribution à la formation professionnelle
Cas des entreprises individuelles existantes	La loi de modernisation de l'économie de juillet 2008 autorise également les entreprises, déjà existantes et bénéficiant du régime de la micro-entreprise, à opter pour les régimes du microsocial et du micro-fiscal Ces options doivent être formulées, auprès du RSI ou *via* le site *lautoentrepreneur.fr,* au plus tard le 31 décembre de l'année N pour une application l'année suivante, ou avant la fin du 3e mois qui suit la création de l'entreprise, pour application dès l'année en cours

Les trois modes de détermination des bénéfices et de la TVA

	Chiffre d'affaires annuel hors taxes		
	Inférieur à 32 100 € pour les prestations de services, et à 80 300 € pour les ventes[1 et 2]	**Compris entre 32 100 € et 261 000 € pour les prestations de services, et entre 80 300 € et 766 000 € pour les ventes**	**Supérieur à 261 000 € pour les prestations de services, et à 766 000 € pour les ventes**
Entreprise Individuelle	**Bénéfices** : micro-entreprise[3] *Options possibles pour* le réel simplifié ou le réel normal **TVA** : franchise en base *Options possibles pour* le déclaratif simplifié ou le déclaratif normal (mais perte automatique du régime de la micro-entreprise)	**Bénéfices** : réel simplifié *Options possibles pour* le réel normal **TVA** : déclaratif simplifié *Option possible pour* le déclaratif normal	**Bénéfices** : réel normal **TVA** : déclaratif normal
Sociétés (dont EURL, SARL, SAS)	**Bénéfices** : réel simplifié *Option possible pour* le réel normal **TVA** : franchise en base *Options possibles pour* le déclaratif simplifié ou le déclaratif normal	**Bénéfices** : réel simplifié *Option possible pour* le réel normal **TVA** : déclaratif simplifié *Option possible pour* le déclaratif normal	**Bénéfices** : réel normal **TVA** : déclaratif normal

1. Les entreprises dont le chiffre d'affaires dépasse pour la première fois la limite de 32 100 € (prestations de services) sans excéder 34 100 €, ou 80 300 € (ventes de marchandises) sans excéder 88 300 €, continuent à bénéficier de la franchise en base au titre de l'année de dépassement et l'année qui suit.
2. En cas de création d'entreprise en cours d'année, le chiffre d'affaires doit être ajusté au prorata du temps d'exploitation au cours de l'année civile.
3. Attention, certaines activités sont exclues du régime de la micro-entreprise, par exemple la location de matériel.

Les deux types d'imposition des bénéfices

	Impôt sur le revenu (IRPP)	Impôt sur les sociétés (IS)
Entreprises concernées	Entreprise individuelle EURL SARL de famille (sur option) SARL et SAS de moins de 5 ans (sur option)	SARL SAS EURL (sur option, ou en cas d'associé unique personne morale)
Assiettes d'imposition	Pour les entreprises individuelles, l'assiette est obtenue soit par application d'un abattement représentatif des frais professionnels (micro-entreprise), soit par déduction des charges réelles (réel simplifié et réel normal) Pour les sociétés, l'assiette est obligatoirement déterminée par déduction des charges réelles (réel simplifié et réel normal)	L'assiette est obligatoirement déterminée par déduction des charges réelles (réel simplifié et réel normal)
Taux d'imposition	L'entreprise est « transparente » au plan fiscal. Ses bénéfices sont portés dans la déclaration de revenus du chef d'entreprise (ou de l'ensemble des associés pour leurs quotes-parts) dans la catégorie des BIC Le taux progressif de l'IRPP s'applique en fonction de la situation familiale de l'intéressé	Les bénéfices nets de l'entreprise (déduction faite de la rémunération des dirigeants) sont imposés directement au nom de l'entreprise Le taux d'imposition est de 33,33 % (taux normal global), ou de 15 % (taux réduit global) sur la fraction des bénéfices inférieurs à 38 120 €

Les différents régimes sociaux des commerçants et artisans

	Régime des salariés (TS) (gérant minoritaire ou égalitaire de SARL, président de SAS)	**Régime des non-salariés (TNS)** (toutes les autres catégories de dirigeants)
Affiliations obligatoires	**Assurances maladie-maternité, allocations familiales, accidents du travail, vieillesse (de base)** : affiliation et paiement des cotisations patronales et salariales par la société auprès de l'Urssaf **Retraite complémentaire** : affiliation auprès d'une caisse de retraite de cadres (AGIRC).	**Assurances maladie-maternité** : affiliation auprès du régime social des indépendants (RSI), qui encaissera les cotisations et payera les prestations **Allocations familiales** : affiliation auprès du RSI **Retraite-invalidité-décès** : affiliation auprès d'une caisse d'assurance vieillesse relevant du RSI
Assurances chômage	**Pôle emploi** : exceptionnellement et uniquement sur la partie de leur rémunération correspondant à un contrat de travail technique, distinct du mandat social (et sous réserve de la reconnaissance de ce contrat de travail par le Pôle emploi) Possibilité de prendre une assurance facultative	Pas de régime obligatoire Possibilité de s'assurer dans le cadre d'un contrat d'assurances groupe auprès de : - la GSC (Garantie sociale des chefs et dirigeants d'entreprise) - l'APPI (Association pour la protection des patrons indépendants) - APRIL Assurances
Couverture sociale	**Hospitalisation** : 80 % **Gros risques** : remboursement total **Petits risques** : 70 - 65 - 60 - 35 % **Indemnités journalières maladie-maternité** : plafonnées	**Hospitalisation** : 80 % **Gros risques** : remboursement total **Petits risques** : 70 - 65 - 60 - 35 % **Indemnités journalières** : en cas d'hospitalisation, maladie ou accident Allocation de repos et indemnité journalière forfaitaire en cas de maternité

.../...

	Régime des salariés (TS) (gérant minoritaire ou égalitaire de SARL, président de SAS)	**Régime des non-salariés (TNS)** (toutes les autres catégories de dirigeants)
Couverture sociale	**Accidents du travail** : prise en charge totale **Retraite** : complémentaire de cadre (si rémunération au plafond) **Allocations familiales** : droits acquis	**Accidents du travail** : pas d'assurance **Retraite** : de base et complémentaire obligatoire **Allocations familiales** : droits acquis
Assiette de calcul des cotisations	Selon les risques, l'assiette correspond : - à la rémunération versée au dirigeant - ou à une partie de cette rémunération (tranche A : 0 à 2 859 € par mois ; tranche B : 2 859 à 11 436 € par mois ; tranche C : 11 436 à 22 872 € par mois)	L'assiette correspond au revenu professionnel imposable avant application : - de la majoration de 25 % sur le revenu professionnel en cas de non-adhésion à un centre de gestion ou à une association agréée - des allégements fiscaux éventuels - de la déduction des cotisations sociales facultatives Pour les entrepreneurs individuels soumis au régime fiscal de la micro-entreprise, l'assiette correspond aux revenus déduction faite de l'abattement forfaitaire représentatif de frais
	Pour la CSG et la CRDS, l'assiette correspond à 97 % de la rémunération *Précision : les dividendes ne sont pas soumis à cotisations sociales (à l'exception de la CSG, de la CRDS, d'un prélèvement social de 2 %, d'une contribution additionnelle au prélèvement social de 0,3 % et d'une contribution finançant le revenu de solidarité active de 1,1 %)*	Pour la CSG et la CRDS, toutes les cotisations sociales (obligatoires et facultatives) doivent être réintégrées *Précision : les dividendes ne sont pas soumis à cotisations sociales (à l'exception de la CSG, de la CRDS, d'un prélèvement social de 2 %, d'une contribution additionnelle au prélèvement social de 0,3 % et d'une contribution finançant le revenu de solidarité active de 1,1 %)*

…/…

	Régime des salariés (TS) (gérant minoritaire ou égalitaire de SARL, président de SAS)	**Régime des non-salariés (TNS)** (toutes les autres catégories de dirigeants)
Assiette minimale	Pas d'assiette minimale	**Maladie-maternité** : 40 % du plafond de la Sécurité sociale Cette assiette minimale n'est pas applicable en cas de pluralité d'activités lorsque l'activité non salariée n'est pas l'activité principale **Allocations familiales** : pas d'assiette minimale **Retraite de base** et complémentaire : 200 fois le Smic horaire **Invalidité-décès** : 800 fois le Smic horaire
Cotisations sociales (règles applicables en début d'activité)	Les cotisations sont dues à compter du versement d'une rémunération	Les cotisations sont dues à compter de la date de début d'activité pour l'assurance maladie-maternité, pour les allocations familiales quelle que soit l'activité et pour l'assurance vieillesse des dirigeants en entreprise individuelle, ou de la date d'immatriculation de la société pour les dirigeants de société
	1re année d'activité	
	Cotisations calculées proportionnellement à la rémunération allouée	En l'absence de revenus professionnels de référence, les cotisations provisionnelles sont calculées sur une assiette forfaitaire correspondant à 18 fois la base mensuelle de calcul des prestations familiales Montant global annuel des cotisations provisionnelles : - régime commerçant : environ 3 066 € - régime artisan : environ 3 650 €

.../...

Annexe 4

	Régime des salariés (TS) (gérant minoritaire ou égalitaire de SARL, président de SAS)	**Régime des non-salariés (TNS)** (toutes les autres catégories de dirigeants)
Cotisations sociales (règles applicables en début d'activité)		Aucun appel de cotisations ne peut être fait avant un délai de 3 mois **Différé de paiement et échelonnement des cotisations sociales :** l'entrepreneur peut demander à ne pas verser de cotisations sociales provisionnelles ou définitives, pendant les 12 premiers mois suivant le début de son activité Il peut également demander un paiement échelonné des cotisations définitives dues au titre de ces 12 premiers mois, sur une période maximale de 5 ans, à hauteur de 20 % au minimum par an **Activités occasionnelles** : l'entrepreneur peut demander à ne payer la cotisation minimale d'assurance-maladie qu'au prorata du nombre réel de jours d'activité s'il exerce une activité occasionnelle ne dépassant pas 90 jours par an. La cotisation annuelle ne peut cependant être inférieure à 1/12 de la cotisation minimale **Calcul sur un revenu estimé** : tout travailleur indépendant (commerçant, artisan) peut demander le calcul de ses cotisations provisionnelles sur la base du revenu qu'il estime réaliser au cours de l'année. Si le revenu définitif est supérieur de plus d'un tiers du revenu estimé, une majoration de retard égale à 10 % de l'insuffisance des acomptes provisionnels est due

.../...

	Régime des salariés (TS) (gérant minoritaire ou égalitaire de SARL, président de SAS)	**Régime des non-salariés (TNS)** (toutes les autres catégories de dirigeants)
Cotisations sociales (règles applicables en début d'activité)		**Régime micro-social** : les micro-entrepreneurs peuvent demander le calcul mensuel ou trimestriel de leurs cotisations et contributions sociales sur la base du chiffre d'affaires réellement réalisé au cours du mois ou du trimestre précédent
	2e année d'activité	
	Cotisations calculées proportionnellement à la rémunération allouée	Les cotisations provisionnelles sont calculées sur une assiette forfaitaire correspondant à 27 fois la base mensuelle de calcul des prestations familiales Montant global annuel des cotisations provisionnelles : – régime commerçant : environ 4 648 € – régime artisan : environ 5 358 € Les cotisations dues au titre de la 1re année sont régularisées au second semestre, une fois les revenus professionnels de la 1re année connus (à l'exception de la cotisation d'invalidité-décès versée à titre définitif).
	3e année d'activité	
	Cotisations calculées proportionnellement à la rémunération allouée	Les cotisations provisionnelles (et définitives pour l'invalidité-décès) sont calculées en fonction des revenus de l'année *N* – 2 Les cotisations dues au titre de la deuxième année pour la maladie-maternité, les allocations familiales, la CSG et la CRDS, la vieillesse de base et la retraite complémentaire sont régularisées au second semestre une fois les revenus professionnels de la 2e année connus

.../...

	Régime des salariés (TS) (gérant minoritaire ou égalitaire de SARL, président de SAS)	**Régime des non-salariés (TNS)** (toutes les autres catégories de dirigeants)
Exonérations	Pour certains bénéficiaires de l'Accre, exonération pendant un an (ou plus dans certains cas) des cotisations de Sécurité sociale (patronales et salariales) : - maladie-maternité, veuvage - allocations familiales - accidents du travail - retraite de base Exonération des charges sociales (patronales et salariales) pendant un an au bénéfice des salariés créateurs remplissant certaines conditions	Pour certains bénéficiaires de l'Accre, exonération de charges sociales pendant un an ou plus dans certains cas (hors retraite complémentaire, CSG et CRDS notamment) Exonération de charges sociales pendant un an au bénéfice des salariés créateurs remplissant certaines conditions Allocations familiales : exonération lorsque les revenus professionnels sont inférieurs à 4 534 € par an
Taux	Part patronale + salariale (régime des cadres d'entreprises de moins de 10 salariés) **CSG-CRDS** : 8 % sur la totalité du salaire **Maladie-maternité** : 13,55 % sur la totalité du salaire **Allocations familiales** : 5,4 % sur la totalité du salaire **Formation professionnelle** : 0,55 % sur la totalité du salaire **Assurance vieillesse de base** : - 14,95 % sur la tranche A - 1,7 % sur la totalité du salaire	**CSG-CRDS** : 8 % sur la totalité du revenu professionnel **Maladie-maternité** : 6,5 %, dont 0,60 % dans la limite du plafond de la Sécurité sociale et 5,90 % dans la limite de 5 fois le plafond **Indemnités journalières** : 0,70 %, dans la limite de 5 fois le plafond de la Sécurité sociale **Allocations familiales** : 5,4 % sur la totalité du revenu professionnel **Formation professionnelle** : 0,15 % (ou 0,29 % pour les artisans) du plafond annuel de la Sécurité sociale (année *N* - 1). **Assurance vieillesse de base** : 16,65 %, dans la limite du plafond de la Sécurité sociale

.../...

Annexe 4

	Régime des salariés (TS) (gérant minoritaire ou égalitaire de SARL, président de SAS)	**Régime des non-salariés (TNS)** (toutes les autres catégories de dirigeants)
Taux	**Retraite des cadres** : - 7,5 % sur la tranche A - 20,3 % sur les tranches B et C + contribution de 0,35 % sur tranches A, B, C AGFF (Association pour la gestion du fonds de financement de l'Agirc et de l'Arrco) : - 2 % sur la tranche A - 2,20 % sur la tranche B **Prévoyance** : 1,5 % sur la tranche A **Accidents du travail** : variable selon le risque de l'entreprise **Aide au logement** : 0,10 %, dans la limite du plafond de la Sécurité sociale **Apec** : - 0,06 % sur la tranche B - versement forfaitaire annuel de 20,58 €	**Assurance vieillesse complémentaire** : - Commerçants : 6,5 % dans la limite de 3 fois le plafond de la Sécurité sociale - Artisans : 7,1 % sur la fraction des revenus inférieurs à 33 775 € et 7,5 % pour la tranche de revenus comprise entre 33 776 € et 137 332 € **Prévoyance** : - Commerçants : invalidité 1,2 % et décès 0,1 % - Artisans : 1,8 %, dans la limite du plafond de la Sécurité sociale

Index

Composé par Sandrine Rénier

FSC
Sources mixtes
Groupe de produits issu de forêts bien gérées, de sources contrôlées et de bois ou fibres recyclés
Cert no. BV-COC-856319
www.fsc.org
© 1996 Forest Stewardship Council

IMPRIM'VERT
Votre imprimeur agit pour l'environnement

Achevé d'imprimer : Jouve, Mayenne
N° d'éditeur : 4060
N° d'imprimeur : 508777F
Dépôt légal : avril 2010
Imprimé en France